Ingrid Biermann

Fischers Fritz und Schneiders scharfe Schere

Spielideen zur Sprachförderung

HERDER

FREIBURG · BASEL · WIEN

Gedruckt auf umweltfreundlichem, chlorfrei gebleichtem Papier

Umschlaggestaltung und Konzeption:
R·M·E Roland Eschlbeck / Rosemarie Kreuzer
Umschlagfoto: Albert Josef Schmidt, Freiburg
Lektorat: Anima Kröger

Satz und Gestaltung: Büro MAGENTA, Freiburg
Druck und Bindung: fgb · freiburger graphische betriebe 2002
www.fgb.de

ISBN 3-451-27835-9

Das Daumenregister ermöglicht
Ihnen eine schnelle Übersicht.
Anbei die Erläuterungen der in diesem
Buch verwendeten Piktogramme.

 *ein Kind*

 *ab zwei Kinder*

 *Kindergruppe*

 Spiele im Haus

 *Spiele im Freien*

EINLEITUNG

Liebe Kollegin,

ein zunehmend wichtiger werdender Bereich in der Arbeit mit Kindern ist Sprache und Kommunikation!

Mit diesem Buch erhalten Sie viele neue Anregungen, wie Sie situativ (allein, in Kleingruppen oder auch im größeren Kreis) auf spielerische Art und Weise die Sprachfreude, das Sprachverständnis und die Artikulation fördern und den Wortschatz der Kinder erweitern können. Es ist ein Praxisbuch, mit dessen Hilfe Sie spielerisch Sprachförderung betreiben können.

Jedoch sollten Sie bei Kindern, die über einen längeren Zeitraum hinweg Sprachauffälligkeiten zeigen, unbedingt den Rat eines Sprachtherapeuten hinzuziehen und die Eltern entsprechend beraten.

Schon das Ungeborene im Mutterleib trainiert seine Sprechorgane. Mund, Zunge und Lippen sind jetzt schon häufig in Bewegung und das Kind nimmt Außengeräusche wahr. Vom Augenblick seiner Geburt an spielt die Sprache als Verständigungsmittel für den Menschen eine wichtige Rolle. Schnell lernt das Kind, dass Mutter, Vater, Geschwister, Ärzte, usw. mit freundlichen Lauten und Worten oder mit einer anderen Form von Zuwendung auf seine Botschaften reagieren.

Gerade in den ersten Lebensjahren ist Sprache mit viel Zuwendung verbunden. Der Körperkontakt weckt die Sinne und die Bereitschaft in Kommunikation zu treten. In beeindruckender Geschwindigkeit beginnt sich der Wortschatz zu entwickeln. Mit drei Jahren ist der Wortschatz eines Kindes schon auf ca. 800 Wörter angewachsen. Mit sechs Jahren kennt das Kind zwischen 2.500 und 3.000 Wörter.

Die Sprache ist nicht nur ein Ausdrucks- oder Kommunikationsmittel, sie hat auch einen sehr großen Anteil an der psychischen Entwicklung eines Menschen. Je differenzierter ein Kind sich der Sprache bedienen kann, desto besser ist es für seine persönliche Zukunft gerüstet.

Als Erzieherin nehmen Sie eine wichtige Rolle in der Sprachentwicklung der Kinder ein. Kinder summen, singen, lallen, brabbeln, erzählen und fragen. Sie schlüpfen in andere Rollen, benützen die Sprache auf vielfältige Weise und gehen »von Natur aus« spielerisch und kreativ mit ihren Sprachmöglichkeiten um.

Kinder in der sprachlichen Entwicklung zu begleiten und zu unterstützen ist die Aufgabe von Erwachsenen, speziell der Erzieherin in Kita und Kindergarten.
Eine wichtige Rolle spielt hierbei zunächst das Zuhören.
Aktives, anteilnehmendes Zuhören ist die Voraussetzung dafür, dass sich das Kind als Persönlichkeit bestätigt und angenommen fühlt. Es wird in seinen Versuchen, sich auszudrücken, ernst genommen und motiviert, auf diesem Weg weiterzugehen.

Darüber hinaus gibt es einige Grundregeln, die man sich als Orientierungshilfen für eine zielorientierte Sprachförderung im Kindergarten immer wieder bewusst machen sollte:
– Nehmen Sie das Kind auf der Stufe seiner Sprachentwicklung grundsätzlich an.
– Wiederholen Sie eventuell unkorrekt gesprochene Sätze oder Worte einfach in der korrekten Form und verbessern Sie nicht.
– Begeben Sie sich beim Sprechen mit dem Kind auf gleiche Augenhöhe. Sprechen Sie nicht über seinen Kopf hinweg. Gehen Sie dabei in die Hocke, setzen Sie sich zu ihm, usw. Diese Haltung vermittelt dem Kind, dass Sie es ernst nehmen und respektieren.
– Unterstreichen Sie Ihre Sprache durch eine passende Haltung im Hinblick auf das Alter des Kindes und auf die Situation. Berühren Sie sanft einen Arm oder die Hand des Kindes, setzen Sie es auf Ihren Schoß, nehmen Sie es auf den Arm, usw.
– Sprechen Sie einfach und klar in einer verständlichen Lautstärke und lassen Sie die Botschaft durch Mimik und Gestik lebendig werden.

Ebenfalls wichtig für die Sprachentwicklung sind der Raum und das Spielzeug, mit dem Kinder sich beschäftigen. Gehen Sie einmal mit offenen Augen durch Ihren Kindergarten.

Finden Sie die Umgebung beruhigend, lädt sie zum Verweilen, zu Gesprächen, zu Betrachtungen ein? Ist in Ihrer Einrichtung noch Platz für eigene Fantasiebilder, für eigene Kreativität? Ist die Gestaltung der Räume so überschaubar, dass eine gewisse Ordnung zu erkennen ist? Kann sich das Kind hier allein zurechtfinden, sich allein sein Spielzeug holen und zu seinem Spiel finden? Gibt es Plätze für Einzel- oder Kleingruppenspiele? Strahlt der Gruppenraum Harmonie und Ruhe aus, oder ist es eher ein Ort, der an einen Ausstellungsraum, an einen Abstellraum, an eine Lagerhalle erinnert?

Die Umgebung beeinflusst nicht nur die Wahrnehmung und das Wohlbefinden der Menschen, sondern auch die Art der Kommunikation und selbstverständlich auch die sprachliche Entwicklung der Kinder.

Ebenso hat das Angebot der Spielmaterialien Einfluss auf Qualität und Quantität der Sprache. Sprechen und Spielen gehören zusammen und ihre Intensität hängt von den Anreizen ab, die die Kinder in der Einrichtung bekommen.

Mit diesem Buch möchte ich Sie als Erzieherin ermuntern, sich mit Sprachkompetenz und Sprachgestaltung ganz bewusst zu beschäftigen. Es enthält viele neue Ideen, mit denen es gelingen kann, Sprache sichtbar, begreifbar, fühlbar zu machen, in Bewegung umzusetzen, ihr eine Melodie zu geben, sie in Fantasiebilder einzubetten und vieles mehr.

Die Anregungen in diesem Buch sind in Anregungen für verschiedene Altersgruppen aufgeteilt. Dies kann natürlich, wie Sie wissen, nur eine grobe Gliederung sein, da die Entwicklung von Kindern sehr individuell ist.

Wenn Sie möchten, kann »Zausel, die Quakschnute« Sie bei den Sprachförderungsspielen begleiten: Auf die Sohle eines gelben Frotteestrumpfes wird roter Filz (als Schnabel) und auf den Rist Wolle (als Wuschelkopf) genäht. Zwei Knöpfe als Augen – und schon ist »Zausel«, die Ente, die ununterbrochen quakt, fertig.

Ich wünsche Ihnen und den Kindern viel Spaß mit den Sprachspielen und beim miteinander Kommunizieren!

Ingrid Biermann

SPIELIDEEN FÜR DIE DREIJÄHRIGEN

Das Spiel- und Bewegungsbedürfnis von Dreijährigen ist sehr groß. Die körperliche und geistige Entwicklung vollzieht sich noch immer hauptsächlich über das »Begreifen«. Sie wollen lernen durch anfassen, riechen, fühlen, bewegen, experimentieren. Sie wollen alles selbst tun und dabei Spaß haben. Das Bedürfnis, Sprache mit Gesang und viel Bewegung zu kombinieren, die Freude an Lautspielen, an Reimen, an Fingerspielen ist in diesem Alter grenzenlos und kann spielerisch unterstützt werden.

Spiele ohne Regeln, ohne Gewinner und Verlierer, zu denen Abzählreime, Reime und kleine Wortspielereien gehören, helfen dem Kind, die Welt der Sprache zu entdecken. Die hier angegebenen Vorschläge können schnell und situationsbezogen, aber auch zielorientiert als Angebot zum Einsatz kommen. Auf den folgenden Seiten finden Sie Vorschläge, die den Dreijährigen Spaß machen und sie gleichzeitig sprachlich fördern.

Zausel, die Quakschnute

Einstiegsgeschichte: *Zausel ist eine kleine Ente. Sie lebt mit vielen anderen Tieren und anderen Enten auf einem Bauernhof. Jeden Tag wird sie mit frischen Körnern und Wasser versorgt und kann auf einer großen Wiese herumlaufen. Zausel ist sehr neugierig. Mit ihrem großen Schnabel untersucht sie alles, was sie finden kann, und frisst auch hier und da schon einmal etwas, was ihr gar nicht bekommt. Vor ein paar Tagen hat sie alle Hühnereier aufgefressen, die die Bäuerin am Abend vorher aus den Nestern geholt hat. Den Korb hatte sie vergessen und das war für Zausel nur gut. Nicht ein Ei ist heil geblieben. Gestern aber, da hat sie an einem alten Lederschuh geknabbert. Der war zwar hinterher zerfetzt, doch geschmeckt hat er ihr gar nicht. Auch heute ist Zausel schon früh wach und ist auf dem Hof herumgewatschelt. Als sie dabei Ausschau nach etwas Fressbarem hält, entdeckt sie etwas auf dem Gartentisch. Es ist ein Buch und die Blätter flattern im Wind hin und her. Das macht Zausel neugierig und schnellen Schrittes* *watschelt sie auf das Buch zu. Mit ihrem Schnabel untersucht sie es und da ihr Hunger so groß ist, knabbert sie die Blätter an. Im Nu hat sie ein Blatt nach dem anderen aufgefressen. Satt watschelt sie nach Hause. Als sie am Abend wie immer mit den anderen Enten im Stall liegt und sie sich wie immer etwas vorquaken, passiert etwas Sonderbares. Zausel quakt nun nicht wie alle Enten, sondern sie kann Worte quaken. Sie kann richtig sprechen. Die anderen Enten sind erstaunt und freuen sich, denn von dem Tag an kann sie ihnen jeden Abend wunderbare Reime und Geschichten erzählen, ja sie kann sogar singen. Oft lachen, tanzen und spielen die Enten nun die ganze Nacht zusammen.*

Schluss: Die Kinder können, wenn sie wollen, Zausel Fragen stellen und mit ihr sprechen oder singen. Ein kleines Szenenspiel kann sich anschließen. Ein Kind ist Zausel, die anderen die restlichen Tiere. Die Kinder machen die Bewegungen und die Geräusche der Bauernhoftiere nach.

Spiele für Mund und Nase

Das Weckgedicht

Anzahl: beliebig, auch als Einzelangebot und für Kleingruppe
Ort: Gruppenraum

Material: keines

Hinführung: Lassen Sie die Kinder zwischendurch einfach mal tief einatmen und laut prustend ausatmen, gähnen Sie gemeinsam, wecken und begrüßen Sie ihre Nase und das ganze Gesicht durch eine kleine Klopfmassage. Das tut allen gut und ist dem Sprechen nur förderlich.

Durchführung: Die Erzieherin macht den Kindern zunächst alles vor. Den ersten Teil mit unbeweglicher Mimik und fast unbeweglichem Mund sprechen.

Ach, was bin ich wieder schlapp,
mein Mund, der hängt ganz müd' herab.
Die Wangen hängen ebenso,
mein Gesicht schaut gar nicht froh.
Die Augen, die sind fast noch zu,
ich glaub, sie wollen ihre Ruh.

Doch, was kommen da für Dinger?
    Die Hände hinter dem Rücken hervorholen.

Ich glaube, es sind meine Finger.
Sie zupfen hier und zupfen dort,
    Mit den Fingern im ganzen Gesicht herumzupfen.

sind schnell an einem andren Ort.
    Mit den Fingern immer noch im Gesicht herumzupfen.

Jetzt trippeln meine Finger schnell,
schon wieder flink auf jeder Stell.
    Mit den Fingerspitzen durch das ganze Gesicht trippeln.

Meine Finger trippeln munter,
immer rauf und wieder runter.
    Mit den Fingern im Gesicht rauf- und runtertrippeln.

Auf meiner Nase, ach, wie schön,
kann man die Finger trippeln sehn.
Nun patschen sie durch mein Gesicht,
    Mit den Handflächen das Gesicht abklopfen.

müde, nein, das sind sie nicht.
Sie reiben
    Mit den Händen durch das Gesicht reiben.

streichen
    Mit den Händen durch das Gesicht streichen.

und zum Schluss
geb' ich den Händen einen Kuss.
    Sich selbst auf die Hand küssen.

Ich weiß, ihr müsst jetzt wieder gehn,
    Hände anschauen.

für eure Arbeit dank ich schön.
    Hände auf den Rücken legen.

Mit dem Gesicht kann ich nun lachen
    Lachendes Gesicht machen.

und bestimmt noch ganz viel machen.

Schluss: Der Vers wird noch einmal vorgetragen. Dabei führen
die Kinder die Bewegungen in ihrem Gesicht durch.

Lustige Mundgymnastik

Anzahl: Kleingruppe, Einzelangebot
Ort: Gruppenraum

Material: eine Feder für jedes Kind

Hinführung: Alle Kinder schließen ihre Augen und befühlen ihren Mund. Danach lecken sie einmal über ihre Lippen und befühlen den Mund noch einmal. Nun bekommt jedes Kind eine Feder und streicht damit über seinen Mund. In dem anschließenden Gespräch können die Kinder über ihre Empfindungen berichten. Dann wird zusammengetragen, was alles zum Mund gehört und wofür wir ihn benötigen.

Durchführung: Die Erzieherin sagt den folgenden Vers und führt die Mundgymnastik vor.

Mein Mund ist zu, er liegt ganz still,
weil er noch etwas schlafen will.
> Mund geschlossen halten.

Ich weck ihn auf, schau einmal her,
ich kitzle ihn, das mag er sehr.
> Mit den Fingerspitzen um den Mund herumtrippeln.

Auch streicheln findet er sehr schön,
wie das geht, kannst du hier sehn.
> Mit den Zeigefingern den Mund rundherum streicheln.

Doch, was ist das? Der Mund liegt still,
weil er noch etwas schlafen will.
> Mund geschlossen halten.

Ich klopf ihn wach, so fest ich kann,
schau, wie er sich bewegen kann.
> Mit den Zeigefingern den Mund rundherum wachklopfen und ihn ganz langsam geschlossen hin und her bewegen.

Doch leider steht er wieder still,

ob er heut nicht sprechen will?
    Den Mund wieder geschlossen und still halten.

Nun kneif ich ihn, denn jetzt ist Schluss,
ganz fest, weil er wach werden muss.
    Mit den Fingern den Mund rundherum wachkneifen.

Schau, der Mund ist endlich wach,
ich mache nun noch etwas Krach.
    Mund hin und her bewegen und mit den Händen
    an die Wangen schlagen.

Jetzt bewegt sich dieser Mund,
hin und her und auch mal rund.
    Mit dem geschlossenen Mund die Bewegungen machen.

Auf und ab, vor und zurück,
er ist wach, o welch ein Glück.
    Mit geschlossenem Mund die Bewegungen machen.

Schneller geht er hin und her,
vor, zurück und kreuz und quer.
    Mit geschlossenem Mund diese Bewegungen ganz
    schnell machen.

Hör, er pustet, atmet ein,
pustet wieder, ach wie fein.
    Durch den geschlossenen Mund ausatmen,
    durch die Nase einatmen, durch den geschlossenen
    Mund wieder ausatmen.

Immer wieder macht er das,
ich glaub, das macht ihm richtig Spaß.
    Diese Übung mehrmals machen.

Nun weckt er schnell noch seine Lippen,
die Zähne können sie antippen.
    Mit Oberkiefer und Unterkiefer die Lippen antippen
    und massieren.

Die Lippen drücken sich, und dann

fangen sie zu tanzen an.
>Die Lippen fest aufeinander drücken und nun den Mund
>schnell auf- und zumachen. Die Lippen berühren sich
>leicht und schnell und dabei entsteht ein leises Geräusch.

Sie singen, gönn dir etwas Ruh
und hör den Lippen dabei zu.
>Die Bewegung wiederholen.

Die Zunge, ja, die tanzt jetzt mit,
schau, sie ist heute richtig fit.
>Die Zunge schnell im offenen Mund hin und her
>bewegen. Dabei berühren die Kinder die Lippen und es
>entsteht ein neues Geräusch.

Auch die Zunge kannst du hören,
hör zu, wir wollen sie nicht stören.
>Bewegungen wiederholen.

Endlich hab ich es geschafft,
mit viel Müh und ganz viel Kraft.
>Mit dem Zeigefinger auf sich selbst zeigen.

Siehst du hier meinen wachen Mund,
>Mit dem Zeigefinger auf den Mund zeigen.

er ist fit und kerngesund.
>Den Mund öffnen und stolz herumzeigen.

Er kann jetzt singen, sprechen, lachen
und ganz tolle Sachen machen.

Lied: *Melodie: A, a, a, der Winter, der ist da*

Trali, trala, tralo, ja, jetzt bin ich froh,
mein Mund ist wach, das ist sehr schön,
kann mit mir durch den Tag jetzt gehn,
Trali, trala, tralo, ja, jetzt bin ich froh.

Schluss: Die Kinder führen nun, während die Erzieherin
den Vers wiederholt, die Mundgymnastik durch.

Blasen pusten

Anzahl: 1 Kind oder Kleingruppe
Ort: draußen

Material: für jedes Kind einen Strohhalm und ein Glas, Wasser, Spülmittel, ein großer Eimer

Durchführung: In einem Eimer wird das Wasser mit viel Spülmittel gemischt. Diese Mischung wird in die Gläser geschüttet und mit einem Strohhalm kann jedes Kind nach Lust und Laune pusten.

Variation: Das Wasser wird mit Wasserfarbe gefärbt. So können bunte Blasen gepustet werden.

Sandblasebilder

Anzahl: 1 Kind oder Kleingruppe
Ort: draußen

Material: für jedes Kind einen Strohhalm und einen Schuhkartondeckel, der mit feinem, trockenem Sand gefüllt ist

Durchführung: Die Kinder können mit ihrem Strohhalm in den Sand breite und schmale Wege, große und kleine Löcher pusten.

Schatzsuche

Anzahl: Kleingruppe
Ort: drinnen, draußen

Material: ein größerer Karton, gefüllt mit feinem, trockenem Sand, ein »Schatz« (schöne Brosche, Stein, Muschel, Ring usw.), für jedes Kind einen Strohhalm

Durchführung: Der Karton ist mit so viel feinem Sand gefüllt,

dass der Schatz darin versteckt werden kann.
Nacheinander pusten die Kinder und suchen so den Schatz.
Wer ihn freigepustet hat, darf den Schatz erneut im Sand verstecken.

Bildersuche

Anzahl: 1 Kind, Kleingruppe
Ort: Gruppenraum, draußen

Material: ein größerer Karton, viele kleine Bilder (Größe von Memorykarten), selbstklebende Folie, eine Pappe (so groß wie der Kartonboden)

Vorbereitung: Die Bilder werden gleichmäßig auf der Pappe verteilt, aufgeklebt und mit der Schutzfolie überzogen.
Diese Pappe wird auf den Kartonboden gelegt. Nun werden die Bilder mit feinem, trockenem Sand zugedeckt.

Durchführung: Die Kinder können nun die Bilder freipusten.

Variation: Ist das Spiel schon häufig durchgeführt worden, so wird den Kindern gesagt, welches Bild sie freipusten sollen.

Schnipselpusten

Anzahl: 1 Kind, Kleingruppe
Ort: Gruppenraum, am Tisch

Material: für jedes Kind einen Strohhalm und Papier

Durchführung: Das Papier wird in kleine Teile gerissen und auf einen Tisch gelegt. Auf ein Zeichen der Erzieherin pusten alle Kinder so lange, bis alle Schnipsel vom Tisch sind.

Variation: Es können auch Federn, kleine Korkenscheiben, Wattebäusche usw. verwendet werden.

Spiele für Mund und Nase

Spiele zur akustischen Wahrnehmung

Tiere imitieren

Anzahl: Kleingruppe
Ort: drinnen, draußen

Material: keines

Durchführung: Die Erzieherin imitiert Tiere. Die Kinder benennen sie. (Frosch, Ente, Vogel, Pferd, Kuh usw.)

Variation: Einzelne Kinder imitieren Tiere, die anderen benennen sie.

Geräusche machen

Anzahl: ein Kind oder Kleingruppe
Ort: drinnen, draußen

Material: verschiedene Bilder mit Gegenständen, die Geräusche machen (Trecker, Katze, Telefon usw.)

Durchführung: Die Bilder liegen umgedreht auf dem Boden. Nacheinander werden die Karten umgedreht und die Kinder imitieren ganz schnell das entsprechende Geräusch.

Lärmkiste

Anzahl: ein Kind oder Kleingruppe
Ort: drinnen, draußen

Material: Kiste, Dinge, mit denen man Krach machen kann (Holzlöffel, Dosen, Topfdeckel, usw.)

Vorbereitung: Die Erzieherin stellt den Kindern eine Lärmkiste zur Verfügung. In ihr sind Gegenstände, mit denen man Geräusche erzeugen kann.

Durchführung: Die Kinder können mit den Dingen experimentieren. Dann nimmt sich jedes Kind ein Krachmachteil. Die Erzieherin nennt einzelne Teile und die Kinder erzeugen damit Lärm.

Instrumente raten

Anzahl: ein Kind oder Kleingruppe
Ort: drinnen, draußen

Material: Instrumente

Durchführung: Die Kinder sitzen mit dem Rücken zum Kreis. Die Erzieherin steht im Kreis und spielt ein Instrument an. Die Kinder nehmen den Klang und die Klanglänge wahr und nennen erst dann den Namen des Instruments, wenn der Klang verklungen ist.

Zausel, wo bist du?

Anzahl: Kleingruppe
Ort: drinnen, Gruppenraum

Material: eine Quietschente

Durchführung: Ein Kind geht vor die Gruppentür. Eines der Kinder in der Gruppe erhält eine Quietschente und hält sie hinter seinem Rücken. Alle anderen Kinder halten ebenfalls die Hände auf dem Rücken. Das Kind wird hereingeholt. Es fragt: »Zausel, wo bist du?« Das Kind, das die Ente hinter seinem Rücken versteckt hält, erzeugt mit ihr ein Quietschgeräusch. Das Kind versucht das Geräusch zu lokalisieren und das richtige Kind mit der Ente zu benennen.

Melodischer Spielvers: Hoppelahopp

Anzahl: bis zu 20 Kinder
Ort: Gymnastikraum, draußen

Material: ein Pferdebild, Faltblätter

Hinführung: In der Kreismitte liegt ein Pferdebild. Es ist mit vielen kleinen Faltblättern abgedeckt. Nacheinander nimmt jedes Kind ein Blatt ab. Dabei kann schon das noch teilweise verdeckte Motiv erraten werden. Ein Gespräch über Pferde wird initiiert. Im Anschluss werden Pferdegeräusche und Bewegungen imitiert.

Durchführung: Die Erzieherin kann folgenden Vers mit einer eigenen Melodie vortragen.

Hoppelahopp, hoppelahopp,
> Ein Kind galoppiert im Kreis herum.

vorwärts geht es im Galopp.
Hoppelahopp, hoppelahopp,
vorwärts geht es im Galopp.

Reitersmann, Reitersmann,
steig auf, damit ich laufen kann.
> Das Kind bleibt vor einem Kind stehen.

Über Stock und über Stein
geht es besser nun zu zwein.
> Zwei Kinder galoppieren.

Hoppelahopp …
> Der Spielvers wird so lange wie oben beschrieben gespielt, bis alle Kinder im Kreis herumgaloppieren.

Abschluss: Kleine Hindernisse werden aufgebaut (Stäbe werden in einer bestimmten Höhe gehalten) und die Kinder können wie ein Pferd über diese Hindernisse springen. Dabei kann der Spielvers gesprochen werden.

Melodischer Spielvers: Ri, ra, rums

Anzahl: bis zu 20 Kinder
Ort: Gymnastikraum, draußen

Hinführung: Die Erzieherin macht pantomimisch Tierbewegungen vor. Die Kinder erraten das Tier und können die Bewegung selbst durchführen. Ein Gespräch über die Lebensgewohnheiten der Tiere schließt sich an, bei dem die genaue Bezeichnung der Gangarten noch einmal wiederholt wird.

Durchführung: Folgender Vers wird gesprochen und nachgespielt.

Ri, ra, rums,
didel, didel, dums.
Die Maus, die hat Pantoffeln an,
damit man sie nicht hören kann.
Sie macht nun eine Reise,
die Maus, die krabbelt leise.
          Alle Kinder krabbeln durch den Raum.

Ri, ra, rums,
didel, didel, dums.
Der Frosch, der hat Pantoffeln an,
damit man ihn nicht hören kann.
Er macht nun eine Reise,
der Frosch, der hüpft ganz leise.
          Alle Kinder hüpfen durch den Raum.

Ri, ra, rums,
didel, didel, dums.
Der Bär, der hat Pantoffeln an,
damit man ihn nicht hören kann.
Er macht nun eine Reise,
der Bär, er stampft ganz leise.
          Alle Kinder stampfen leise durch den Raum.

Ri, ra, rums,
didel, didel, dums.
Der Storch, der hat Pantoffeln an,

damit man ihn nicht hören kann.
Er macht nun seine Reise,
der Storch stolziert ganz leise.

> Alle Kinder ziehen beim Gehen die Knie hoch

Variation: Wenn noch Interesse vorhanden ist, können andere Tiere und ihre Bewegungen erfunden und nachgespielt werden.

Schluss: Kimspiel
Drei Kinder stehen im Kreis. Ein anderes schaut sich deren Pantoffeln (Schuhe) an. Es geht dann vor die Gruppentür. Die Pantoffeln werden in die Kreismitte gelegt. Das Kind kommt wieder in die Gruppe und versucht, die Pantoffeln den Kindern zuzuordnen. Es ist ein Spiel zur Gedächtnisschulung (mehrmalige Wiederholung des Spieles).

Schaut, alle Kinder
Melodie: Hänsel und Gretel

Anzahl: bis zu 20 Kinder
Ort: Gymnastikraum, draußen

Durchführung: Alle Kinder stehen oder sitzen im Kreis und bewegen sich nach dem Text.

Schaut, alle Kinder, die hüpfen hier im Kreis,
schaut, wie sie hüpfen, mal laut und auch mal leis.
Sie hüpfen immer wieder, doch jetzt, da stehn sie still,
weil jeder Hüpfer was andres machen will.

Schaut, alle Kinder, die stampfen…

Schaut, alle Kinder, die klatschen…

Schaut alle Kinder, die kommen jetzt zur Ruh.
Ja, sie machen nun ihre Augen zu.
Sie sind alle müde und darum sind sie still,
weil jedes Kind nun nichts mehr machen will.

Hallo, hallo
Melodie: Kuckuck, Kuckuck, ruft's aus dem Wald

Anzahl: bis zu 20 Kinder
Ort: Gymnastikraum, draußen

Durchführung: Der Text gibt die Bewegung vor, die Kinder bewegen sich entsprechend.

Hallo, hallo, ruf ich dir zu,
lasset uns springen, ganz munter springen,
hallo, hallo, ruf ich dir zu.

Hallo, hallo…
lasset uns stampfen, ganz munter stampfen,

Hallo, hallo… lasset uns hüpfen…

Variation: Die Kinder können noch weitere Bewegungsmöglichkeiten erfinden.

Alle kleinen Frösche
Melodie: Alle meine Enten

Anzahl: Kleingruppe, Großgruppe
Ort: draußen

Durchführung: Die Kinder spielen mit und führen die Bewegungen dem Text entsprechend durch.

Alle kleinen Frösche hüpfen jetzt umher, hüpfen jetzt umher,
  Die Kinder hüpfen im Raum herum.

hüpfen dicht zusammen, mögen sich so sehr.
  Die Kinder hüpfen in der Kreismitte dicht zusammen.

Alle kleinen Vögel fliegen jetzt umher…
Alle kleinen Fische schwimmen jetzt umher…
  Die Kinder können noch weitere Tiere darstellen.

Tsch, tsch, tsch, die Bimmelbahn

Anzahl: bis zu 20 Kinder
Ort: drinnen, draußen

Material: eine Glocke, ein Stab

Durchführung: Ein Kind spielt die Bimmelbahn und ein Kind den Schaffner. Das Kind, das die Bimmelbahn spielt, bekommt ein Glöckchen in die Hand, der Schaffner erhält einen Stab. Sie gehen im Kreis herum. Alles Weitere wird dem Text entsprechend gespielt.

Melodie: Jörg Schnieder
Text: Ingrid Biermann

△	= Triangel
◎	= Schellenkranz / Tamburin
◡	= Glocken
∥	= Klanghölzer
✋	= Klatschen

Tsch, tsch, tsch, die Bim - mel - bahn,
die fängt nun zu fah - ren an.
Tsch, tsch, tsch, sie fährt nun fort,
fährt ganz schnell von Ort zu Ort.

Tsch, tsch, tsch, die Bimmelbahn
hält nun in dem Bahnhof an.
Tsch, tsch, tsch, steigt alle ein,
sie fährt nun nicht mehr allein.

Tsch, tsch, tsch, die Bimmelbahn,
sie kommt langsam nun voran.
Tsch, tsch, tsch, steigt alle aus,
denn sie will ganz schnell nach Haus.

Tsch, tsch, tsch, die Bimmelbahn,
fängt ganz leis zu bimmeln an,
Tsch, tsch, tsch, sie bleibt jetzt stehn
und der Schaffner kann nun gehn.

Variation: Der Text kann mit Glocken und / oder Triangel
eingeübt werden. So nehmen die Kinder ersten Kontakt mit
Orff-Instrumenten auf.

Ein kleines, weißes Mäuschen
Melodie: Ein kleiner, grauer Esel

Anzahl: Kleingruppe, Großgruppe
Ort: draußen

Durchführung: Alle Kinder singen mit und bewegen sich
entsprechend dem Text.

Ein kleines, weißes Mäuschen, das wandert durch die Welt,
es wackelt mit den Ohren, so wie es ihm gefällt.
Piep, piep, piep, piep…

Ein kleines, schwarzes Kätzchen, das wandert durch die Welt,
es wackelt mit den Ohren, so wie es ihm gefällt.
Miau, miau, miau, miau, miau…

Ein kleines, braunes Hündchen… wau, wau, wau…

Ein kleines, schwarzes Kälbchen… muh, muh, muh…

Spiele zur akustischen Wahrnehmung

Abzählreime

Anzahl: für eine Klein- oder Großgruppe
Ort: Gymnastikraum, draußen

Material: keines

Durchführung: Die Kinder stehen im Kreis. Die Erzieherin zählt ab und zeigt, während sie spricht, auf die einzelnen Kinder. Das Kind, auf das am Schluss des Abzählreimes gezeigt wird, führt eine kleine Bewegung durch (stampfen, springen, drehen…).

Ene, mene, munkel,
draußen ist es dunkel.
Ene, mene, Maus,
und du bist aus.
Ein dicker alter Bär,
der stampft ganz laut daher.
Du kriegst einen Schreck
und läufst ganz schnell weg.
        Einmal um den Kreis laufen.

Tipp, tapp, Teller,
lauf ein wenig schneller.
Ich beeile mich,
pass auf, ich fange dich.
        Die Spielleiterin versucht, das Kind zu fangen.

Ene, mene, muh,
komm, schau einmal zu.
Ich geh jetzt ganz schnell heim,
du sollst der Nächste sein.

Mitmachgeschichte: Mein Pinsel ...

Anzahl: ein Kind oder Kleingruppe
Ort: am Tisch

Material: Salzstreuer, einige Schälchen mit Fingerfarbe, Malkittel, große, weiße Blätter

Hinführung: Die Erzieherin zeigt ein von einem Kind gemaltes Bild. Sie initiiert ein Gespräch darüber, womit man Bilder malen kann. Nun zeigt sie ihren Finger und verzaubert ihn mit Zaubersalz in einen Pinsel.

Durchführung: Die Erzieherin steckt den Finger in die Farbe, erzählt folgenden Vers und malt dazu. Zwischendurch taucht sie den Finger immer wieder in die Farbe.

Mein Pinsel, der malt hin und her,
er malt auch gerne kreuz und quer.
Er malt rauf und wieder runter,
mein Pinsel, der ist immer munter.
Mit meinem Pinsel mal ich wild
ein wunderschönes Pinselbild.
Der Pinsel braucht jetzt eine Pause,
das Bild, das nehm' ich mit nach Hause.

Die Erzieherin verzaubert die Zeigefinger der Kinder mit dem Zaubersalz in Pinsel. Nun malt jedes Kind mit dem Finger auf dem Tisch und der Vers wird, so gut es geht, mitgesprochen.

Schluss: Nachdem der Text einigermaßen geläufig ist, bekommen die Kinder ein Blatt Papier. Sie malen, während der Vers vorgetragen wird, mit der Fingerfarbe ein Bild.

Variationen:
– Jedes Kind malt auf dem Rücken eines anderen Kindes und spricht den Vers.
– Ein weiterer Platz zum Malen können der Fußboden, die Wand oder das Fenster sein.

Kreative Mitmachgeschichte:
Schau, meine Finger ...

Anzahl: ein Kind, Kleingruppe
Ort: Gruppenraum, draußen

Material: alte Zeitungen, angerührter Tapetenkleister, eine saubere Wanne, eine große Abdeckfolie, eine Wanne mit Wasser, Seifen und Handtücher, für jedes Kind einen alten Malkittel (z.B. ein altes Oberhemd)

Hinführung: Die Folie wird auf die Erde gelegt. Die Kinder bekommen einen Malkittel an und setzen sich um die Folie. Die Erzieherin bittet die Kinder, genau wie sie, ihre Hände auf den Rücken zu legen. Sie holt nun erst die rechte Hand hervor, ballt sie zur Faust und stellt die Finger mit Namen vor. Sie fordert auch die Kinder auf, eine Hand hinter ihrem Rücken hervorzuholen. Gemeinsam mit der Erzieherin stellen nun auch die Kinder die Finger der rechten Hand vor.
Das Gleiche wird dann mit der linken Hand gemacht. In einem Gespräch kann alles zusammengetragen und auch vorgespielt werden, was eine Hand so alles kann (zappeln, streicheln, klatschen, malen usw.). Die Kinder legen dann ihre Hände auf die Oberschenkel.

Durchführung: Nun trägt die Erzieherin den folgenden Vers vor und führt die Bewegungen aus. Danach wird der Vers wiederholt und die Kinder spielen mit.

Schau, meine Finger an der Hand,
Finger bewegen.

machen ja so allerhand.
Sie können malen, schneiden, reißen,
Bewegungen machen.

mit ihnen kann man etwas schmeißen.
Bewegung machen.

Heute wollen meine Finger,
Mit den Fingern wackeln.

diese flinken, kleinen Dinger,
Papier zerreißen, das macht Spaß,
komm, mach auch mal so etwas.
> Jeder bekommt eine alte Zeitung.

Wir reißen das Papier ganz klein,
> Das Papier wird zerrissen.

in die Wanne kommt's hinein.
> Papier in die Wanne werfen.

Kleister drauf und du wirst sehn,
> Kleister auf das Papier schütten.

Matschen, das ist wunderschön.
> Alles wird vermengt.

Nun kann jeder tolle Sachen
aus der Kleistermasse machen.
> Jedes Kind bekommt Kleistermasse.

Dann verteilt die Erzieherin Papier und alle führen
den Vers praktisch durch, d. h. sie matschen und kleistern.

Schluss:
In der Wanne mit Wasser waschen sich alle gemeinsam die
Hände. Wenn die Kunstwerke in einigen Tagen trocken sind,
so können sie, wieder mit den Händen, angemalt werden.

Körperwahrnehmungsspiele

Tipp, tipp, tapp

Anzahl: 4 bis 6 Kinder
Ort: im Ruheraum

Material: pro Kinderpaar zwei dünne Stäbe
bzw. getrocknete Zweige

Vorbereitung: Für ruhige Musik, gedämpftes Licht und
eventuell eine Kerze sorgen. Das mögen auch kleine Kinder
und führt sie zur notwendigen Konzentration.
Körperspiele können jedoch auch draußen in freier Natur
und frischer Luft sehr viel Spaß machen.

Durchführung: Jeweils 2 Kinder sitzen hintereinander oder
einander gegenüber. Ein Kind bewegt die Zweige. Der Text gibt
die Bewegung vor.

Tipp, tipp, tapp, tipp, tipp, tapp,
langsam lauf ich auf und ab.
Tipp, tipp, tapp, tipp, tipp, tapp,
schneller lauf ich auf und ab.
Tipp, tipp, tapp, tipp, tipp, tapp,
langsam lauf ich auf und ab.
Tipp, tipp, tapp, tipp, tipp, tapp,
jetzt bin ich müde und ganz schlapp.

Dann werden die Rollen getauscht.

Variation: Die Kinder stehen sich – beide mit Zweigen –
gegenüber und tippen sich gegenseitig zugleich an.
Dieses Spiel kann auch mit den Zeigefingern durchgeführt
werden.

Kribbel, krabbel, Mäuschen klein

Anzahl: 4 bis 6 Kinder
Ort: im Ruheraum

Material: zwei Fühlbeutel und zwei Stofftiere
(Maus und Frosch)

Vorbereitung: Sorgen Sie für ruhige Musik, gedämpftes Licht
und eventuell eine Kerze.

Hinführung: Die Erzieherin lässt die Fühlbeutel mit den
Stofftieren darin nacheinander im Kreis herumgehen.
Die Kinder erfühlen den Inhalt. Ein Gespräch kann sich
anschließen. Nun können die Kinder die Bewegungen
und Geräusche von Mäusen und Fröschen imitieren.

Durchführung: Die Erzieherin nennt einen der beiden Tiernamen: Frosch oder Maus, die Kinder ahmen die Stimme oder
die entsprechende Bewegung des Tieres nach. Die Erzieherin
teilt die Kinder in zwei Gruppen auf (Frösche und Mäuse).
Sie ruft in unregelmäßiger Reihenfolge die Namen. Die Kinder
müssen nun schnell reagieren und die entsprechenden Bewegungen und Geräusche durchführen. Der schnelle Wechsel
erfordert viel Konzentration.

Nach einer kurzen Pause kann jetzt das Körperwahrneh-
mungsspiel durchgeführt werden. Die Kinder stellen sich
paarweise zusammen. Ein Kind führt auf dem Rücken
des anderen Kindes die Bewegungen durch.

Kribbel, krabbel, Mäuschen klein,
ich krabble in die Welt hinein.
Kribbel, krabbel, ohne Ruh,
krabbeln kann ich immerzu.
     Mit den Fingern über den Rücken krabbeln.

Pitsche, patsche, Fröschchen klein,
ich hüpf nun in die Welt hinein.
Pitsche, patsche, ohne Ruh,
hüpfen kann ich immerzu.
       Mit den Handflächen über den Rücken patschen.

Kribbel, krabbel, Mäuschen klein,
ich krabble in die Welt hinein.
Kribbel, krabbel, jetzt ist Schluss,
weil ich nun nach Hause muss.

Pitsche, patsche, Fröschchen klein,
ich hüpf nun in die Welt hinein.
Pitsche, patsche, jetzt ist Schluss,
weil ich jetzt nach Hause muss.

Danach werden die Rollen gewechselt.

Schluss: Das bekannte »Mäuschen, piep mal« wird
verändert in »Fröschlein, quak mal«.

Spielideen für die Vierjährigen

Das vierjährige Kind kann schon ca. 1.500 Wörter sprechen und hat seinen Wortschatz in einem Jahr mehr als verdoppelt. Es kann kleine zusammenhängende Geschichten erzählen und wiedergeben. Die Begriffe ich, du, meins und deins sind ihm vertraut und es will den Dingen zunehmend auf den Grund gehen. Wie, wo und warum – damit fangen viele seiner Sätze an. Besonders gern schlüpft es in andere Rollen, findet Freude am Reimen und betrachtet oder erzählt zu Bildgeschichten und Bilderbüchern. In allen Bereichen ist es offen für jede Art von Förderung.

Zausel entdeckt das Reimen

Anzahl: für eine Kleingruppe
Ort: drinnen, draußen

Material: Zausel, die Strumpfente

Hinführung: Die Erzieherin holt Zausel und erzählt den Kindern, dass die Ente seit einigen Tagen nicht nur Geschichten quake, sondern auch reimen könne. Die Erzieherin macht nun folgendes Spiel. Sie sagt zu Zausel ein Wort, z.B. Haus, und Zausel quakt Maus, oder sie sagt Mund und Zausel quakt Hund. Nun können die Kinder Zausel Worte sagen und gemeinsam wird lustig gereimt. Danach erzählt die Erzieherin, wie und wo Zausel das Reimen gelernt hat.

Geschichte: *Vor einigen Tagen hat Zausel etwas Neues entdeckt, nämlich das Reimen, und das kam so. Als sie an einem besonders warmen Tag im Schatten eines Baumes lag, stöhnte und quakte sie: »Ganz heiß ist heut die Sonne, ich spring gleich in die Tonne.« Kaum hatte sie das gesagt, saß sie auch schon in der Tonne und erfrischte sich in dem herrlich kalten Wasser. Nun ging es ihr viel besser. Als sie so zufrieden planschte, sagte sie noch einmal: »Ganz heiß ist heut die Sonne, ich spring gleich in die Tonne.« Zausel*

fand ihren neuen Satz sehr schön. Sie planschte weiter vor Freude in der Tonne herum und dabei quakte sie immer wieder Sonne, Tonne, Sonne, Tonne. Plötzlich hörte sie eine Stimme, die piepte: »He, du da unten, du bist aber eine merkwürdige Ente.« Zausel schaute hoch und sah auf dem Dach einen Vogel: »Wieso bin ich eine merkwürdige Ente?«, quakte Zausel. »Weil du reimen kannst, denn Enten können doch eigentlich nur quaken und nicht reimen.« »Das stimmt«, quakte Zausel, »aber ich bin eben keine normale Ente. Ich bin Zausel, die Quakschnute. Ich kann Geschichten erzählen, Lieder singen...« »...und reimen«, fügte der Vogel hinzu und flog weg. Unterwegs piepte auch er immer: »Sonne, Tonne, Sonne, Tonne«, und war dann in einem Baum verschwunden.
Ja, und von dem Tag an reimt Zausel, wo sie geht und steht. Und wenn ihr mal kein passendes Reimwort einfällt, dann erfindet sie einfach ein Wort dazu und es entstehen neue lustige Worte.

Schluss: Nun können die Kinder noch einmal Worte sagen und Zausel reimt oder erfindet einfach ein neues Fantasiewort. Dann geht es umgekehrt. Zausel sagt ein Wort und die Kinder reimen oder erfinden ein Fantasiewort. Zausel, die Strumpf-figur, kann nun zu jedem Angebot zur Sprachförderung eingesetzt werden. Sie motiviert und macht auch die Kinder zu Quakschnuten.

Spiele mit der Zunge und der Puste

Der Zungenspaziergang

Anzahl: ein Kind oder eine Kleingruppe
Ort: Gruppenraum

Hinführung: Die Erzieherin stellt ein Rätsel: Was ist das?

Mit ihr da kann ich lecken
und auch süß und sauer schmecken.
Ich beweg sie hin und her,
das Sprechen ist mit ihr nicht schwer.
　　　Zunge

Die Kinder können mit ihrer Zunge ein wenig spielen, sie
genau erfühlen und Bewegungen vormachen. Diese werden
dann von allen Kindern nachgemacht.

Durchführung: Nun spielt die Erzieherin das folgende
Zungenspiel vor. Dabei beobachten die Kinder ganz genau die
Bewegungen der Zunge.

Schau dir meine Zunge an,
was die so alles machen kann.
　　　Zunge ganz weit herausstrecken und allen zeigen.

Ganz langsam kommt sie aus der Tür,
schaut hin und her und auch zu dir.
　　　Zunge langsam aus dem Mund schieben, nach rechts und
　　　links bewegen, ausgestreckt halten.

Sie fegt die Wege vor dem Haus,
denn sie sehn heute schmutzig aus.
　　　Mit der Zunge über die Lippen lecken.

Sie sieht dich, winkt,
　　　Die Zunge auf und ab oder hin und her bewegen.

geht dann ins Haus,
　　　Die Zunge in den Mund ziehen.

denn da kennt sie sich gut aus.
Dort geht sie hin und her und rund,
kreuz und quer schnell durch den Mund.
Diese Bewegungen werden gut sichtbar mit der Zunge
im Mund gemacht.

Noch einmal geht es hin und her,
rundherum und kreuz und quer.
Die Bewegungen wiederholen.

Erst langsam und dann schnell,
sie dreht sich auf der Stell.
Die Bewegungen langsam, schnell und im Mund
kreisende Bewegungen machen.

Sie tanzt im Mund vergnügt umher,
das fällt der Zunge gar nicht schwer.
Bei geschlossenem Mund die Zunge hin
und her bewegen.

Doch ist ihr Spaziergang aus,
schaut sie wieder aus dem Haus.
Zunge aus dem Mund herausstrecken.

Sie putzt noch einmal vor der Tür,
wie sie es macht, das siehst du hier.
Über die Lippen lecken.

Sie winkt dir zu, geht dann ins Haus
Zunge in den Mund ziehen.

und ruht sich vom Spaziergang aus.
Sprechpause.

Schau, die Zunge liegt ganz still,
weil sie ein wenig schlafen will.
Mund weit aufmachen, die Zunge liegt ganz still.

Jetzt gönn ich mir auch etwas Ruh,
mach meinen Mund nun ganz schnell zu.
Sprechpause.

Schluss: Mit den Kindern werden nun einzelne Zungenbewegungen aus dem Text geübt. Danach spricht die Erzieherin den Text und gemeinsam mit den Kindern wird der Zungenspaziergang wiederholt.

Der wilde Pustewind

Anzahl: Kleingruppe
Ort: Gruppenraum

Material: für jedes Kind ein Taschentuch

Hinführung: Die Kinder schließen ihre Augen und die Erzieherin stellt ihnen ein Hörrätsel. Sie erzeugt Windgeräusche. Nachdem die Kinder das Rätsel (Wind) gelöst haben, kann ein Gespräch über den Wind initiiert werden. Danach erzählt die Erzieherin den Kindern die Pustewindgeschichte.

Geschichte: *Ganz hoch oben zwischen den Wolken, bei der Sonne, den Sternen, dem Mond und den unzähligen Regentropfen, wohnt der Pustewind. Jeden Tag macht er so wie die Sonne, die Sterne, der Mond und die Regentropfen seine Arbeit. Die Sonne scheint und bringt der Erde Wärme, Mond und Sterne leuchten, die Regentropfen geben der Erde das Wasser und er, der Pustewind, schickt der Erde den Wind. Jeden Tag schaut er von hier oben auf die Erde hinunter und schickt seinen Wind dorthin, wo er gebraucht wird. Pustewind will seine Arbeit gut machen und deshalb holt er vor jedem Pusten tief Luft, bläst seine Wangen auf und stößt dann die Luft durch den geschlossenen Mund wieder aus.*
    Alle Kinder üben das Pusten.

Heute muss Pustewind aber viel pusten, bevor er auf die Erde schauen kann. Eine dicke Wolkendecke versperrt ihm die Sicht. Pustewind holt immer und immer wieder tief Luft, bläst seine Wangen auf und stößt die Luft durch den geschlossenen Mund raus. So schiebt er die Wolken fort.
    Die Kinder üben das Pusten.

*Nun schaut er auf die Erde und sieht, dass auf einer Wäscheleine
ganz viele nasse Wäscheteile hängen. »Hier muss ich helfen«,
denkt Pustewind. Wieder holt er tief Luft, bläst seine Wangen auf
und stößt durch den geschlossenen Mund die Luft raus, in Richtung Wäscheleine.*

Kinder pusten gegen das hochgehaltene Taschentuch.

*Pustewind freut sich, denn die Wäsche flattert hin und her, und er
pustet weiter, so fest er kann.*

Kinder pusten noch einmal gegen das Taschentuch.

*Schon nach kurzer Zeit kommt eine Frau und holt die Wäsche
ins Haus.*

Die Kinder stecken ihr Taschentuch in die Tasche.

*Diese Arbeit hat er geschafft. Als Pustewind sich weiter umschaut,
entdeckt er einen Jungen. Der sitzt, mit einem Drachen in der
Hand, traurig auf einer Bank. Pustewind weiß, warum er traurig
ist. Ihm fehlt der Wind. Sofort holt er tief Luft, bläst seine Wangen
auf und stößt die Luft hinaus.*

Die Kinder pusten.

*Mit einem Mal springt der Junge auf, hält seinen Drachen in
die Luft und lässt ihn fliegen. Immer und immer wieder holt
Pustewind nun Luft und bläst sie in die Richtung des Drachens.*

Die Kinder pusten.

*Dieser fliegt und fliegt und der Junge hat viel Spaß. Als es dunkel
wird und der Junge nach Hause geht, will auch der Pustewind
Feierabend machen. Für heute hat er genug gepustet.
Leicht blasend verschwindet er hinter einer dicken Wolke und
schläft dort sofort ein.*

Die Kinder blasen nur leicht.

Erbsen pusten

Anzahl: Kleingruppe
Ort: am Tisch, auf dem Fußboden

Material: Erbsen und für jedes Kind einen dicken Trinkhalm

Durchführung: Jedes mitspielende Kind bekommt einen dickeren Trinkhalm. Die Kinder sitzen am Tisch oder knien auf dem glatten Fußboden einander gegenüber. Die Hälfte der Kinder bekommt eine Erbse. Diese müssen sie nun dem gegenübersitzenden Kind zupusten. Dieses pustet die Erbse zurück.

Straßen pusten

Anzahl: 4 bis 6 Kinder, Einzelangebot
Ort: am Tisch, auf dem Boden

Material: lange, breite Streifen aus Pappe, Erbsen, für jedes Kind einen dicken Trinkhalm

Durchführung: Einige Kinder knien oder sitzen in einer Reihe. Ein breiter Streifen aus Pappe wird als Straße vor ihnen auf den Boden oder Tisch gelegt. Jedes Kind bekommt einen dickeren Trinkhalm. Am Anfang der Straße liegt eine Erbse. Diese muss nun bis zum Ende über die Straße gepustet werden.

Variation: Kleine Nussschalen (Schiffe) werden den Fluss entlang in den Hafen gepustet.

Grenzen pusten

Anzahl: Gruppen mit 4 Kindern, Einzelangebot
Ort: drinnen

Material: ein großer Bogen Pappe, eine Erbse, ein Tischtennisball, eine Feder, Watte, ein Flaschenkorken, für jedes Kind einen dicken Trinkhalm

Durchführung: Je 4 Kinder knien um einen Bogen Pappe. Jedes Kind hat einen dickeren Strohhalm. Auf der Pappe liegt eine Erbse. Diese wird nun durch kräftiges Pusten in Bewegung gebracht, darf aber nicht von der Pappe herunterkullern.

Variation: Die Kinder pusten auf der Pappe Watte, eine Feder, einen Tischtennisball oder einen Flaschenkorken hin und her.

Spiele zur Verbesserung der optischen und akustischen Wahrnehmung

Bilderreimspiel

Anzahl: ein Kind oder Kleingruppe
Ort: drinnen, draußen

Material: eine Auswahl an Bildkarten (Memorykarten)

Durchführung: Es liegen Bildkarten umgedreht in der Mitte. Die Erzieherin dreht eine Karte um und benennt das Motiv. Die Kinder versuchen ein entsprechendes Reim- oder Fantasiewort dazu zu finden.

Variation: Die Kinder drehen eine Karte um und die Erzieherin findet ein dazu passendes Reimwort.

Reimmemory

Anzahl: ein Kind oder Kleingruppe
Ort: drinnen, draußen

Material: viele Bildkarten

Durchführung: In der Kreismitte liegen Memorykarten (von mehreren Memoryspielen) oder andere Bildkarten. Immer zwei Bilder ergeben einen Reim. Jedes Kind kann nun versuchen, wie bei einem Memory, zwei passende Karten umzudrehen, mit denen man reimen kann. Passen sie nicht, so werden sie wieder umgedreht. Passen sie zusammen, werden sie aus dem Spiel genommen.

Reime suchen

Anzahl: ein Kind oder Kleingruppe
Ort: drinnen, draußen

Material: keines

Durchführung: Die Kinder schauen sich im Raum nach Gegenständen um und versuchen ein dazu passendes Reimwort zu finden oder ein neues Wort zu erfinden (Tisch – Fisch, Bank – Schrank, Puppe – Suppe).

Variation: Mit den Namen der Kinder wird versucht, einen Reim oder Fantasienamen zu bilden.

Reimspaziergang

Anzahl: ein Kind oder Kleingruppe
Ort: draußen

Material: viele Bildkarten

Durchführung: Die Kinder machen einen Spaziergang. Auf ihrem Weg suchen sie keine Steine oder Blätter, sondern Reimworte. (Haus – Maus, Stein – Bein, Pfütze – Stütze, Tanne – Kanne). Natürlich können sie, wie immer, neue Worte erfinden (Hausauto, Treppenstraße usw.).

Variation: Das Reimen kann durch das Klatschen der Worte noch unterstützt werden. Die Kinder bauen so ein Verständnis für die Wortlänge auf.

Mitmachvers: Die Schere Schnipp und Schnapp

Anzahl: 4 Kinder oder Einzelangebot
Ort: am Tisch

Material: Fühlbeutel, Schere, Blatt Papier

Hinführung: In einem Fühlbeutel ist eine Schere. Die Kinder erfühlen sie.

Durchführung: Die Erzieherin holt die Schere heraus und stellt mit ihr den Mitmachvers vor. Zunächst bewegt sie, während sie spricht, die Schere. Dann holt sie ein Blatt. Nun spricht und schneidet sie dem Text entsprechend.

*Mit der Schere Schnipp und Schnapp
schneide ich so manches ab.
Ich mache Großes damit klein,
schneid hier und da einfach hinein.
Schnipp und schnapp mach ich ganz leise
durch das Blatt geht meine Reise.
Ja, ich schneide kreuz und quer,
Schneiden, das gefällt mir sehr.
Legt sich die Schere dann zur Ruh,
macht sie »schnapp« sich ganz schnell zu.*

Schluss: Jedes Kind bekommt eine Schere. Zunächst wird der Text gesprochen und die Kinder machen die Schere nur auf und zu. Das wird so lange geübt, bis sie diese Bewegung einigermaßen beherrschen. Wenn die Kinder möchten, dürfen sie ein Blatt Papier zerschneiden.

Reim- und Spielgeschichte: Kriech, die klitzekleine Schnecke

Anzahl: Kleingruppe
Ort: drinnen, draußen

Material: eine große Pappe, eine dicke Schnur, Kleber, ein großes Abdecktuch

Vorbereitung: Auf die Pappe wird mit der Schnur eine Schnecke gelegt. Diese wird festgeklebt.

Hinführung: Die Erzieherin bittet die Kinder, die Augen zu schließen. Sie legt die Pappe mit dem Schneckenmotiv in die Mitte und deckt es mit einem Tuch ab. Nacheinander gehen die Kinder mit ihren Händen unter das Tuch und tasten. Was sie erfühlen, sollen sie jedoch zunächst für sich behalten. Nach der Fühlaufgabe stellt die Erzieherin noch das folgende Rätsel, durch das die Lösung der Kinder bestätigt werden soll.

Was ist das?
Sie kriecht und kriecht,
kommt kaum vom Fleck,
Salat, den frisst sie gerne weg,
auf ihrem Rücken ist ihr Haus,
sie streckt oft ihre Fühler aus.

Nach einem Startsignal können die Kinder das Ergebnis nun laut zusammen sagen. Das Tuch wird entfernt und ein Gespräch zum Thema Schnecke schließt sich an.

Durchführung: Die Erzieherin liest nun die folgende Reim- und Spielgeschichte vor. Sie bittet die Kinder, das letzte Wort in der jeweils zweiten Zeile zu sprechen.

Kriech, die klitzekleine Schnecke,
kommt ganz langsam um die … (Ecke).

Sie will heute in den Garten,
wo Köstlichkeiten auf sie … (warten).

Die Schnecke kriecht nun ganz allein
über Stock und über … (Stein),

Da hinten sieht sie schon den Garten,
wo Köstlichkeiten auf sie … (warten).

Endlich ist die Schnecke da,
der Weg sehr lang und steinig … (war).

Doch was sieht sie da? O Schreck,
die Köstlichkeiten, die sind … (weg).

Die Schnecke Kriech schaut sich ganz stumm
in dem großen Garten … (um).
Da sieht sie Schnecken, große, kleine,
die Schnecke ist hier nicht … (alleine).

Hundert Schnecken und noch mehr,
mögen Köstlichkeiten … (sehr).

Sie fressen hier und da und dort,
die Köstlichkeiten sind jetzt … (fort).

Was soll Kriech denn jetzt noch fressen,
es ist alles aufge … (gessen).

Sie entdeckt ein großes Blatt
und frisst sich nun an diesem … (satt).

Plötzlich kommt ein Mann daher
mit großen Schritten, laut und … (schwer).

Jede Schnecke groß und klein,
legt er in den Eimer … (rein).

Kriech, die hat er nicht entdeckt,
sie hat sich unterm Blatt ver … (steckt).

Der Mann ist fort, sie kriecht nach Haus,
ja, jetzt ist die Geschichte … (aus).

Schluss: Die Reimwörter aus der Geschichte werden nun noch
einmal zur Vertiefung gesprochen und geklatscht.

Variation: Die Reimgeschichte kann auch als eine Klang- und
Bewegungsgeschichte verwendet werden. Den Kindern
werden Rollen gegeben und die Geschichte wird noch einmal
erzählt, gespielt und verklanglicht.

Geräusch- und Pass-Auf-Geschichte: Der gefährliche Morgenspaziergang

Anzahl: Kleingruppe
Ort: Gruppenraum

Material: Bildkarten oder Belebungsmaterial vom Bauteppich: Katze, Trecker, Auto

Durchführung: Die in Klammern stehenden, groß geschriebenen Worte, werden durch Bildkarten oder durch Belebungsmaterial vom Bauteppich ersetzt. Ein Kind sitzt mit dem Rücken zu den Kindern im Kreis. Die anderen Kinder beteiligen sich aktiv an der Geschichte. Die Erzieherin erzählt die Geschichte. Hält sie eine entsprechende Karte oder das entsprechende Belebungsmaterial hoch, erzeugen die Kinder die entsprechenden Geräusche. Das ratende Kind soll das Bildmotiv oder den entsprechenden Gegenstand am Geräusch erkennen und benennen. In der folgenden Geschichte werden die nachzumachenden Geräusche bewusst oft wiederholt, damit die Kinder sich an diese Mitmachart zunächst gewöhnen können.

Geschichte: *Nelli, die kleine (KATZE), ist heute Morgen schon ganz früh wach. Sie mag nicht mehr in ihrem Körbchen liegen und deshalb entschließt sie sich, einen Spaziergang zu machen. Leise schleicht sie aus dem Haus und rennt, so schnell sie kann, über den Hof, über die Wiese und über den Waldweg. Es ist noch recht dunkel und die kleine (KATZE) ist froh, dass sie so gute Augen hat, denn mit denen kann sie alles sehen. Im Dunkeln marschiert die kleine (KATZE) immer geradeaus. Auf einmal steht sie an einer breiten Straße. O Schreck, auf der ist der Verkehr heute schon ziemlich stark. Gerade als sie die Straße überqueren will, hört sie ein (AUTO). Ganz schnell springt die (KATZE) in den Graben. Ängstlich bleibt die (KATZE) so lange dort sitzen, bis sie das (AUTO) nicht mehr hört. Nun versucht die (KATZE) noch einmal über die Straße zu kommen. Doch schon wieder flitzt ein (AUTO) an ihr vorbei. Die (KATZE) springt zurück in den Graben. Dort bleibt sie ganz lange sitzen, um sich von diesem Schreck zu erholen. Die Freude an dem Spaziergang ist ihr genommen. Die (KATZE) läuft nun nach Hause zurück. Unterwegs hört sie immer noch den Lärm der vielen (AUTOS). Zu Hause legt sich*

die (KATZE) zurück in ihr Körbchen und schläft sofort ein.
Niemand hat etwas von ihrem gefährlichen Ausflug bemerkt und
das ist auch gut so.

Sprech-, Klatsch-, Ratevers: Es war einmal ein ...

Anzahl: Kleingruppe
Ort: drinnen

Material: einige Kuscheltiere

Hinführung: Die Erzieherin flüstert einigen Kindern einen Tiernamen ins Ohr (nicht die, die in dem Vers beschrieben werden). Dieses Tier sollen die Kinder pantomimisch imitieren. Die anderen Kinder sollen es zuordnen.

Durchführung: Nun liest die Erzieherin den Ratevers vor. Bei den Tierstimmen klatscht sie. Nach jeder Strophe erraten die Kinder das beschriebene Tier.

Es war einmal ein Piep, Piep, Piep,
das hatte ich so lieb, lieb, lieb.
Es flog ganz plötzlich fort
an einen andren Ort. (Vogel)

Es war einmal ein Hopp, Hopp, Hopp,
das lief schnell im Galopp, -lopp, -lopp.
Es galoppierte fort
an einen andren Ort. (Pferd)

Es war einmal 'ne Quak, Quak, Quak,
die schwamm gar jeden Tag, Tag, Tag.
Sie watschelte dann fort
an einen andren Ort. (Ente)

Es war einmal ein Mäh, Mäh, Mäh,
das aß sehr gerne Klee, Klee, Klee.
Es sprang erschrocken fort
an einen andren Ort. (Schaf)

Es war einmal ein Wau, Wau, Wau,
der war ganz furchtbar schlau, schlau, schlau.
Er rannte ganz schnell fort
an einen andren Ort. (Hund)

Schluss: Der Reimvers wird nun noch einmal von den Kindern und der Erzieherin gesprochen und geklatscht.

Variation:
– Die Erzieherin sagt in einer unregelmäßigen Folge die Worte piep, hopp, quak, mäh und wau. Ganz schnell machen die Kinder die entsprechenden Bewegungen nach.
– Die Kinder stellen noch andere Tiere dar, die dann erraten werden.
– Die Kuscheltiere werden in die Kreismitte gestellt. Die Erzieherin imitiert ein Tier und die Kinder holen schnell das entsprechende Tier aus der Kreismitte.
– Vier Kuscheltiere stehen in der Kreismitte. Ein Kind schaut sich die Tiere gut an, benennt sie laut und geht vor die Gruppentür. Ein Tier wird weggenommen. Das ratende Kind wird hereingerufen. Es soll nun erkennen und benennen, welches Kuscheltier fehlt.
– Oder: Ein anderes Kuscheltier wird neu dazu gestellt.
– Oder: Die Reihenfolge der Tiere wird verändert.

Mitmachvers:
Holler, boller, Rumpelpack

Anzahl: bis zu 20 Kinder
Ort: drinnen, draußen

Material: keines

Durchführung: Alle Spielverse können geklatscht, mit den Fingern gespielt und dargestellt werden. Durch das Klatschen geben die Kinder dem Wort einen Rhythmus. Ein Kind spielt den Zwerg. Zwei Kinder fassen sich an den Händen und bilden mit ihren Armen einen Berg. Der Zwerg sitzt darunter, in dem Berg.

Holler, boller, Rumpelpack,
der Riese, der trägt einen Sack,
> Pantomimisch tragen die Kinder einen Sack und
> trampeln im Kreis herum.

er poltert um den Berg,
> Die Kinder trampeln um den Berg herum.

und weckt den kleinen Zwerg.
> Zwerg kommt aus dem Berg, gähnt und reckt sich.

Holler, boller, kleiner Zwerg,
gemeinsam gehn wir um den Berg.
> Zwerg und Riese gehen um den Berg.

Wir gehn gemeinsam in dein Haus
und ruhen uns dort lange aus.
> Zwerg und Riese setzen sich in den Berg.

Fingerspiel:
Im Nest, da liegt ein Ei

Anzahl: bis zu 20 Kinder
Ort: beliebig

Material: keines

Im Nest, da liegt ein Ei
> Das Kind bildet mit einer Hand eine Schale und
> legt die andere Hand hinein.

und bricht es dann entzwei,
> Mit den Händen einmal laut klatschen.

dann schlüpft aus diesem Haus
ein Vogelbaby raus.
> Mit Daumen und Zeigefinger einen Schnabel bilden
> und ihn auf- und zumachen.

Bald fliegt es in die Welt hinein
> Mit den Armen Flugbewegungen machen.

und lässt das leere Nest allein.
> Mit der Hand eine Schale machen.

Fingerspiel:
Die flinke Biene Sumsebrum

Anzahl: bis zu 20 Kinder
Ort: beliebig

Material: keines

Die flinke Biene Sumsebrum,
> Mit dem Zeigefinger fliegen und summen.

sie fliegt um eine Blume rum,
> Mit der anderen Hand eine Blüte darstellen.

schwupp, setzt sie sich aufs Blatt,
> Den Zeigefinger in die Handfläche setzen.

trinkt sich am Nektar satt.
> Den Zeigefinger in der Handfläche bewegen.

Sumsebrum, sie fliegt nun fort
> Mit dem Zeigefinger Flugbewegungen machen.

und sucht sich einen neuen Ort.
> Das Nachbarkind an einem Körperteil mit
> dem Zeigefinger berühren.

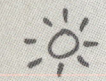

Fingerspiel: Der Regenwurm, er kriecht ganz sacht

Anzahl: bis zu 20 Kinder
Ort: beliebig

Material: keines

Der Regenwurm, er kriecht ganz sacht,
weil ihm das sehr viel Freude macht.
> Den Zeigefinger der rechten Hand von oben nach unten über den Körper ziehen.

Er kriecht und schiebt geradeaus
> Den Finger von unten nach oben über den Körper ziehen.

und ist er dann vor seinem Haus,
> Mit den Fingern der linken Hand ein Loch bilden.

kriecht er schnell ins Haus hinein
> Den Zeigefinger in dieses Loch schieben.

und schläft dort zufrieden ein.

Körperwahrnehmungsgeschichte: Zisch, die kleine Klapperschlange

Anzahl: für eine Kleingruppe
Ort: Ruhe- oder Gruppenraum

Material: eine dicke Kordel, eine dicke Holzkugel, ruhige Musik

Vorbereitung: Die Erzieherin fädelt die Holzkugel auf die Kordel und knotet sie fest. Eine Schlange ist entstanden. Diese steckt sie in ihre Tasche.

Hinführung: Die Erzieherin holt die Kordel aus ihrer Tasche. Die Kinder sollen nun einmal ihre Fantasie spielen lassen und raten, was für ein Tier dies sein könnte. Nach einer Raterunde stellt die Erzieherin die Schlange »Zisch« vor. Die Kinder können die Geräusche und die Bewegungen einer Schlange nachspielen. Ein Gespräch kann sich anschließen.

Durchführung: Zunächst erzählt die Erzieherin diese Körperwahrnehmungsgeschichte als Reimgeschichte. Das Wort »Zisch« wird laut und sehr lang gezogen gesprochen, damit das ›sch‹ deutlich zu hören ist. Die Kinder können den Namen der Schlange zunächst üben. Danach sollen sie wieder das letzte Wort in der zweiten Zeile selbst sprechen.

Zisch, die kleine Klapperschlange,
die kriecht heute schon ganz ... (lange)
durch das pitschenasse Gras,
ja, das macht Zisch so richtig ... (Spaß).
  Die Handfläche der rechten Hand über den Rücken
  schieben.

Da sieht Zisch 'ne kleine Maus,
die kennt sich hier im Grase ... (aus).
Sie trippelt und sie sieht die Schlange,
der kleinen Maus, ja, der wird ... (bange).
  Mit den Fingerspitzen über den Rücken trippeln.

Ganz schnell läuft sie in ihr Haus
  Schnell über den Rücken laufen.
und schaut dort aus dem Loch her ... (aus).
Sie sieht Zisch, die Klapperschlange,
  Die Handfläche über den Rücken schieben.
die kriecht heute schon ganz ... (lange).

Ein Frosch, der hüpft vergnügt umher,
den frischen Morgen mag er ... (sehr).
Er sieht die Schlange, ach o Graus,
ganz schnell hüpft er nun nach ... (Haus).
  Mit einer Hand auf dem Rücken hin- und herspringen.

Zisch, die kleine Klapperschlange,
sie kriecht heute schon ganz ... (lange)
über Stock und über Stein,
so kriecht Zisch nun ganz ... (allein).
  Die Handfläche über den Rücken schieben.

Spiele zur Verbesserung der
optischen und akustischen Wahrnehmung

Zisch ist müde, kriecht nach Haus,
ruht sich hier ganz lange … (aus).
      Die Handfläche über den Rücken schieben.

Der Frosch, er hüpft noch einmal froh,
      Mit der Hand auf dem Rücken hin- und herspringen.

die Maus, sie freut sich eben… (so).
      Mit den Fingern über den Rücken laufen.

Sie krabbelt nun schnell hin und her,
doch jetzt kann sie gar nicht … (mehr).
Die Maus, sie krabbelt in ihr Haus
und jetzt ist die Geschichte … (aus).

Schluss: Nun bilden die Kinder Paare. Jeweils ein Kind spielt die Geschichte, mit den Fingern, auf dem Rücken des anderen Kindes mit. Ruhige Musik kann dieses Körperspiel untermalen. Danach werden die Rollen getauscht.

Bewegungsgeschichte: Ein Urwaldurlaub

Anzahl: 8 bis 10 Kinder
Ort: Gymnastikraum

Material: Langbänke, Hocker, Treppen, Matten, Leitern, Kriechtunnel usw. (zur Errichtung einer »Urwaldlandschaft«), eventuell etwas Gesichtsschminke, eine Glocke, eine Decke

Vorbereitung: In einer Raumecke liegt eine Decke. Alle Materialien liegen griffbereit.

Hinführung: Die Kinder sitzen auf der Decke. Das ist ihr »Haus«. Die Erzieherin erzählt: Wir wollen in diesem Jahr unsere Ferien ganz anders verbringen als vielleicht im letzten Jahr. Wir wollen einen abenteuerlichen Urlaub machen und ich habe mir überlegt, mit euch in den Urwald zu fahren. Sie bittet die Kinder, alles pantomimisch mitzuspielen und sich alles genau vorzustellen.

Geschichte: *Damit es ein schöner Urlaub wird, überlegt sich jeder, was er in seinen Koffer packen will.*
> Glocke gibt die Länge der Bedenkzeit vor.

Jedoch können nur drei bis fünf Teile mitgenommen werden, denn die Koffer dürfen nicht zu schwer sein. Jeder packt nun in seiner Fantasie seinen Koffer und erzählt, was er mitnimmt.
Jetzt steigen wir alle in einen Bus ein,
> Pantomimisch darstellen.

der uns zum Flughafen fährt. Dort steht schon ein großes Flugzeug, das uns in den Urwald bringt. Wir steigen ein.
> Alle hocken sich hintereinander.

und warten gespannt darauf, dass das Flugzeug startet. Wir legen den Gurt an.
> Pantomimisch darstellen.

und langsam steigt der Flieger hoch.
> Langsam hinstellen und hintereinander durch den Raum »fliegen«.

Der Pilot steuert das Flugzeug sicher durch die Luft.
> Die Kinder laufen, von der Erzieherin oder einem Kind geführt, hintereinander durch den Raum.

Nach einem langen Flug haben wir das Ziel erreicht.
Das Flugzeug landet.
> Langsam gehen die Kinder in die Hocke.

Und wir steigen aus.
> Pantomimisch darstellen.

Auf dem Flughafen wartet ein Bus, der uns ins Hotel bringt.
> Die Kinder stellen sich hintereinander auf, halten sich an der Schulter fest und »fahren« durch den Raum.

Als wir dort ankommen, steigen wir aus, gehen in das Hotel und dann in unsere Zimmer, wo schon der Koffer steht. Nun packt jeder seinen Koffer aus. Mal schauen, ob auch noch alles drin ist und niemand einen falschen Koffer hat.
Die Kinder zählen nun noch einmal ihre Teile auf, die sie mitgenommen haben.

Danach gehen wir zusammen in den Dschungel.

Durchführung: Die Kinder errichten aus bereitgestellten Turngeräten eine Bewegungslandschaft. Entsprechend dieser Landschaft kriechen, klettern, schleichen, laufen, springen sie durch den Dschungel. Sie können sich nun aktiv an der Bewegungsgeschichte beteiligen und sie mit viel Fantasie weiter erzählen und spielen. Tiere, Wettereinbrüche, Stammesbewohner, verschiedene gefährliche Wege, die sie durchschreiten müssen usw., sollen die Kinder dazu motivieren, Stimmungen, Geräusche, Situationen in Bewegung umzusetzen. Wenn die Kinder Interesse haben, so können sie ihr Gesicht bemalen. So werden sie nicht von gefährlichen Tieren gesehen.

Schluss: Nachdem die Kinder ihren abenteuerlichen Ausflug in den Dschungel beendet haben, gehen und fahren sie auf demselben Weg wieder nach Hause zurück. Sie gehen in das Hotel, über die Wege und Straßen, die sie sich gebaut haben, zurück/ packen ihre Kleidungsstücke in den Koffer/fahren mit dem Bus zum Flughafen/fliegen mit dem Flugzeug zurück in die Heimat/ fahren mit Bus zurück nach Hause/tragen den Koffer zur Decke (Haus)/, packen ihn aus, zählen die Kleidungsstücke/ ruhen sich auf der Decke aus. Hier kann noch einmal jeder von seinem Urlaub erzählen.

Spiellied: Ich bin die Trippeltrappelmaus

Anzahl: bis zu 20 Kinder
Ort: Gruppenraum oder draußen
Material: Klangstäbe

Melodie: Jörg Schnieder
Text: Ingrid Biermann

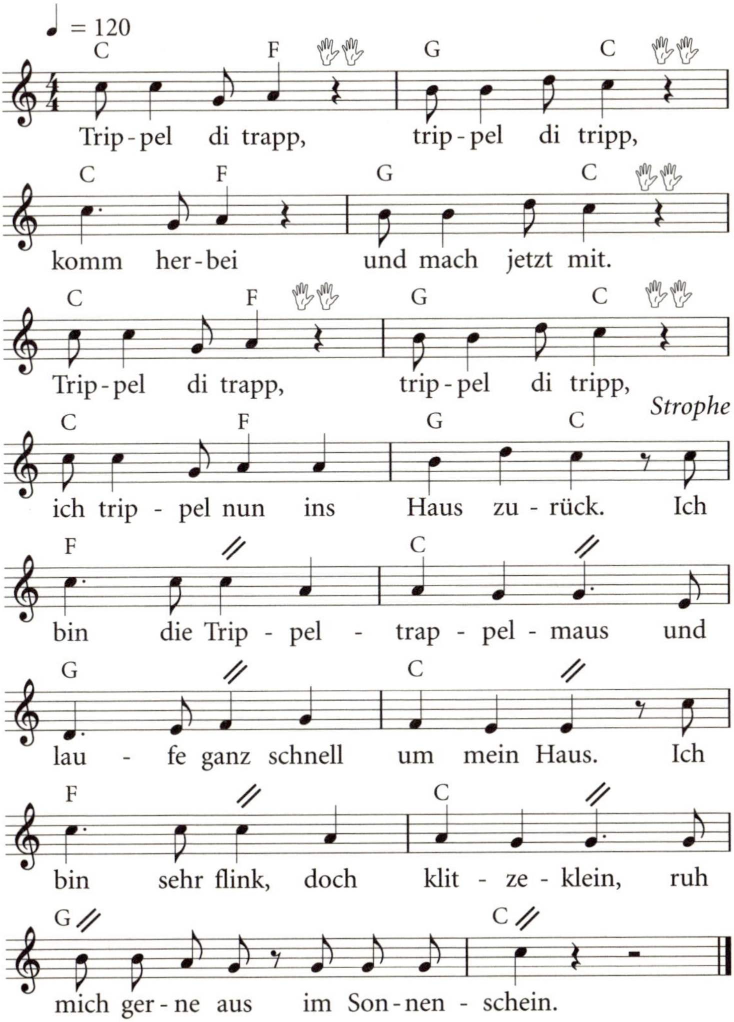

♩ = 120

Trip-pel di trapp, trip-pel di tripp,

komm her-bei und mach jetzt mit.

Trip-pel di trapp, trip-pel di tripp,

Strophe

ich trip-pel nun ins Haus zu-rück. Ich

bin die Trip-pel - trap-pel-maus und

lau - fe ganz schnell um mein Haus. Ich

bin sehr flink, doch klit-ze-klein, ruh

mich ger-ne aus im Son-nen-schein.

Durchführung: Zwei Kinder bilden mit ihren Armen ein Haus. Darin wohnt die Trippeltrappelmaus. Sie wird von einem Kind gespielt. Es trippelt und spielt so, wie es der Text vorgibt. Ein Kind spielt die Katze und klingelt in der 2. Strophe mit dem Glöckchen. In der letzten Strophe spielen alle Kinder Mäuse und trippeln im Kreis herum. Der Liedrhythmus wird durch Klatschen und mit Hilfe der Klangstäbe eingeübt. Zum Refrain trippeln alle auf der Stelle und können den Takt mit Klangstäben schlagen.

Ich bin die Trippeltrappelmaus
und laufe ganz schnell um mein Haus.
Ich knabbre hier und da und dort,
hör ich die Katze, bin ich fort.
Refrain: *Trippel …*

Ich bin die Trippeltrappelmaus
und laufe ganz schnell um mein Haus.
Ich schnuppre überall herum,
schau mich nach einem Freund mal um.
Refrain: *Trippel …*

Ich bin die Trippeltrappelmaus
und laufe ganz schnell um mein Haus.
Seh viele Mäuse, ach wie schön,
mit ihnen kann ich trippeln gehen.
Refrain: *Trippel …*

△	= Triangel
⊖	= Schellenkranz / Tamburin
⌣	= Glocken
//	= Klanghölzer
🖐	= Klatschen

Spielideen für die Fünfjährigen

Das fünfjährige Kind kann in der Regel rund 2.000 Wörter sprechen. Es kennt und benennt, es ordnet, sortiert, gliedert, verändert, ergänzt, erfindet, kann reimen, es redet vor Gruppen, behält längere Texte, kann logisch denken, sich längere Zeit auf einen Text konzentrieren. Es kann beim Erzählen einen eigenen Spannungsbogen herstellen, es kann optisch differenzieren, es setzt gezielt Mimik und Gestik ein, es verfügt über einen ausreichenden Wortschatz und hat somit gute Voraussetzungen für eine verständliche Umgangssprache. Sein aktives Sprachvermögen ist bereits so weit entwickelt, dass es seine Gedankengänge variieren und anpassen kann. Seine Grammatik muss noch nicht ganz fehlerfrei sein.

Auch das Erlernen einer Fremdsprache fällt dem Kind in diesem Alter besonders leicht.

Reimgeschichten, Pass-auf-Geschichten, Fehlergeschichten gehören zu den Mitmachgeschichten und sind ideal zur Sprachförderung. Sowohl die akustische und optische Wahrnehmungsfähigkeit werden herausgefordert, als auch die flexible Anwendung eines ständig wachsenden Wortschatzes. Nur wenn Begriffe und Wortbedeutungen bekannt sind, können die Kinder mitreimen, Fehler entdecken, Geschichten ergänzen oder selbst erzählen, logische Abläufe und Zusammenhänge erkennen und somit ihr Denk- und Sprachvermögen erweitern.

Zausels Begegnung mit Susi Sabbel

Anzahl: bis zu 20 Kinder
Ort: drinnen, draußen

Material: Zausel, die Strumpfente

Hinführung: Die Erzieherin stellt den Kindern folgende Frage: »Kennt ihr Sabbelverse?« Nun kann ein Rategespräch folgen, in dem die Kinder versuchen zu erraten, was Sabbelverse sind. Die Erzieherin nennt die Lösung: »So nennt Susi Sabbel, die ich euch gleich vorstelle, ihre kurzen, lustigen, selbst erfundenen Verse, bei denen die Wörter mit gleichen Anfangsbuchstaben beginnen. Sie haben oft keinen besonderen Inhalt, machen oft keinen Sinn, aber sie zu sprechen macht Spaß. Ich trage euch jetzt solch einen Sabbelvers vor:

»Susi sucht süße Sachen, süße Sachen sucht Susi.«

Durchführung: Die Kinder können versuchen, diesen Text nachzusprechen. In Versform stellt die Erzieherin den Kindern Susi vor:

Susi Sabbel sabbelt gern,
Susi hört man schon von fern.
Susi sabbelt Tag und Nacht,
weil ihr das Sabbeln Freude macht.
Reime, Verse und Geschichten,
Susi weiß viel zu berichten.
Laute Spiele und auch leise
nimmt Susi mit auf ihre Reise.
Susi sabbelt immerzu,
gönnt sich nur ganz wenig Ruh.
Sabbel' mit und du wirst sehn,
selbst zu sabbeln, das ist schön.

Nun leitet die Erzieherin zu einer neuen Zauselgeschichte über.

Geschichte: *Susi Sabbel geht eines Tages zu einem großen Baum, der auf einer herrlich bunten Wiese steht. Mit schriller Stimme sagt Susi immer wieder:* »Susi sucht süße Sachen, süße Sachen sucht Susi.« *Plötzlich entdeckt sie Zausel, die Quakschnute, und ist sehr erschrocken.* »Wer bist du?«, *fragt das Mädchen.* »Ich bin Zausel, die Quakschnute, ich kann wunderbar reimen und wer bist du?« »Ich bin Susi Sabbel und kann wunderschöne Sabbelverse erfinden, z.B. Susi sucht süße Sachen, süße Sachen sucht Susi. Versuch du es doch auch einmal!« »Das kann doch nicht schwer sein«, sagt Zausel und fängt an.* »Susi süße suchen Sachen, Sachen Susi sucht süße. Oje, so zu sprechen ist aber ganz schön schwer«, *sagt Zausel erstaunt,* »dafür kann ich reimen.« *Stolz fängt sie an:* »Ich schaue aus dem Fenster und sehe zwei Gespenster. Ich laufe aus dem Haus und die Geschichte ist nun aus.« »Das kann ich*

auch«, sagt Susi und fängt an zu reimen. »Ich mag gern Apfel-
sinen, doch kommen dann die Mücken, dann lauf ich ganz schnell
fort, in ein andres Haus.« Zausel lacht und sagt: »Das ist ja ganz
schön lustig, aber es reimt sich nicht.« Susi sagt: »Du kannst mir
ja das Reimen beibringen und ich sage dir noch viele Sabbelverse.«
Von nun an treffen sie sich oft unter dem Baum und Zausel lernt
noch viele Sabbelreime.

Schluss: Wenn die Kinder an Sabbelreimen Spaß haben,
können sie nun gemeinsam noch einige Sabbelverse erlernen.

Weitere Sabbelreime:

Karl kann keinen Kuchen kaufen,
kaufen kann Karl keinen Kuchen.

Meine Mutter mahlt Mehl, Mehl mahlt meine Mutter.

Fritz Fröhlich fährt fleißig Fahrrad,
fleißig Fahrrad fährt Fritz Fröhlich.

Leise laufen Läuse los, los laufen Läuse leise.

Am Abend angelt Albert Aale,
Aale angelt Albert am Abend.

Bruno Bär backt braunes Brot, braunes Brot backt Bruno Bär.

Mitmachgeschichten

Gras mit Blumen nennt man Wald

Anzahl: ein Kind oder Kleingruppe
Ort: drinnen, draußen

Durchführung: Die Erzieherin lädt die Kinder ein, bei einer sonderbaren Geschichte aktiv mitzumachen. Sie müssen gut zuhören, denn viele Dinge sind nicht ganz richtig.
Die Kinder können sich aktiv an der Geschichte beteiligen, indem sie das/die letzte/n Wort/Silben in der zweiten Zeile laut mitsprechen.

Hör zu, ich will dir nun berichten
von ganz komischen … (Geschichten).
Manches davon ist ganz klar,
manches aber gar nicht … (wahr).
Hör gut zu und du wirst sehn,
die Geschichte, die ist … (schön).

Gras mit Blumen nennt man Wald,
ein kleines Baby, das ist … (alt).
Morgens früh der Mond erwacht,
abends spät die Sonne … (lacht).
Weiße Flocken nennt man Schnee,
ein Boot, es fährt auf einem … (See).
An meiner Hand, ja, da sind Zehen,
auf meinen Füßen kann ich … (stehen).
Eis ist warm und Feuer kalt,
Schneewittchen wohnt im Märchen … (wald).
Kirschen, ja, die sind ganz grün,
im Frühling Apfelbäume … (blühn).
Der Regen macht die Erde trocken,
an meinen Füßen trag ich … (Socken).
Den Pudding ess ich mit der Gabel,
das Band vom Drachen nennt man … (Kabel).
Die Milch, die gieß ich auf den Tisch,
im Meer, da schwimmt ein großer … (Fisch).
Den Kopf, den wärm ich mit der Hose,
Würstchen gibt es in der … (Dose).

Die Zitrone, die ist sauer,
wenn jemand lacht, nennt man das … (Trauer).
Gelb, so ist der Mohrenkopf,
die Suppe kocht man in dem … (Topf).
Musik, die hör ich mit der Nase,
ein Glas für Blumen nennt man … (Vase).

All das weiß ich ganz genau,
denn ich bin groß und ganz schön … (schlau).
Doch stimmt was nicht, dann sag es mir,
für deine Hilfe dank ich … (dir).

Schluss: Nachdem die Kinder durch das Reimen aktiv an der Geschichte mitgewirkt haben, können sie aus ihrem Gedächtnis heraus zusammentragen, was in der Geschichte alles sonderbar war und das Falsche richtig stellen. Zum Schluss wird die Geschichte noch einmal von der Erzieherin erzählt. Es reimt sich jetzt zwar nun nicht mehr alles, aber es stimmt alles.

Ein ganz merkwürdiger Tag

Anzahl: für eine Kleingruppe
Ort: drinnen, draußen

Material: für jedes Kind eine Rassel (eine kleine Plastikflasche gefüllt mit Reis)

Hinführung: Die Erzieherin bittet die Kinder, bei der nun folgenden Geschichte besonders gut zuzuhören. Es haben sich hier Dinge eingeschlichen, die nicht so ganz richtig sind. Die Kinder hören zu und versuchen, sich einige Merkwürdigkeiten zu merken.

Geschichte: *Ach herrje, als ich heute Nacht aufwachte, spürte ich genau, dass dieser Tag ein ganz merkwürdiger Tag werden würde. Ich stand auf und ging wie jeden Morgen zuerst ans Fenster und öffnete es. Als ich auf die Wiese schaute, sah ich etwas sehr Merkwürdiges. Dort stand ein braunes Pferd. Als es mich sah, gackerte es ganz laut und rannte davon. Dann schaute ich zum Kastanienbaum. Auf den Ästen saßen ganz viele Mäuse. Sie zwitscherten ein*

Morgenlied. Das war so schön, dass ich mitzwitscherte. Als sie mich hörten, sprangen sie davon. So etwas hatte ich noch nie gesehen. Ein wenig verwirrt machte ich das Fenster wieder zu und ging ins Bad. Dort kämmte ich mein Gesicht, putzte meine Haare und wusch meine Zähne. Dann zog ich mich an und schwamm zum Frühstückstisch. Ich schmierte mir ein frisches Kotelett mit Marmelade. Hmmh, das schmeckte mir heute Morgen besonders gut. Nachdem ich satt war, hatte ich Lust auf einen Spaziergang. Ich zog meine Wanderschuhe an, setzte meine Taucherbrille auf und füllte einen Koffer mit belegten Broten und einer Tüte Sprudel. Gut gelaunt schwamm ich los. Unterwegs sah ich wieder sehr merkwürdige Dinge. Ich traf eine schnatternde Käferfamilie, die auf dem Weg zum nahe gelegenen Waldteich war. Als ich weiterging, sah ich auf einem Feld unzählige Schmetterlinge. Als sie mich sahen, hoppelten sie lautlos in den Wald. Mein Weg führte mich zu dem See. Ich schaute mir die vielen großen und kleinen Vögel an, die in dem Wasser hin und her krabbelten. Doch nun dachte ich an meine Brote, die in meinem Koffer lagen. Ich bekam Hunger und deshalb machte ich unter einem großen Baum eine Pause. Ich packte meinen Koffer aus, trank die belegten Brote und aß den Sprudel. Das tat gut. Da ich von dem Spaziergang sehr müde war, stellte ich mich an den Baum und hielt ein kurzes Schläfchen. Ich hatte einen wunderbaren Traum. Mit einem großen Schiff flog ich durch die Luft und sah mir die Welt von oben an. Alles unter mir war riesengroß. Nach einer Weile wurde ich wach und ich spürte Regen auf meinem Körper. Schnell nahm ich meinen Koffer und kroch nach Hause. Es regnete immer mehr und ich war von Kopf bis Fuß trocken. Als ich zu Hause ankam, öffnete ich die Schublade und stand frierend und pitschnass im Flur. Schnell lief ich ins Wohnzimmer, zog meine nassen Sachen aus und stellte mich unter die warme Dusche. Das tat gut. Im Nu war mir wieder kalt. Ich zog schnell neue, nasse Sachen an, setzte mich auf den Schrank und schaute nach draußen. Es schneite noch immer. In aller Ruhe sah ich den Regentropfen zu und dachte dabei an diesen merkwürdigen Tag.

Schluss: In einem Gespräch werden nun alle Dinge, die den Kindern merkwürdig erschienen, zusammengetragen. Danach bekommt jedes Kind eine Rassel. Die Geschichte wird noch einmal erzählt. Nun passen die Kinder gut auf. Kommt ihnen in der Geschichte etwas merkwürdig vor, dann rasseln sie und gemeinsam wird der Fehler verbessert.

Eine Radtour mit Seppel

Anzahl: Kleingruppe
Ort: drinnen, draußen

Material: die Handpuppe Seppel, Bildkarten: Sonne, Fahrrad, Wiese, Reh, Stein, Vogel, Baum, Fluss, Brücke

Hinführung: Die Erzieherin holt die Handpuppe Seppel hervor. Es entsteht nun ein freies Gespräch zwischen Seppel und den Kindern. Danach wird der Ablauf der folgenden Geschichten erklärt. Es wird eine Seppelgeschichte erzählt und die Kinder machen aktiv mit.

Durchführung: In der Kreismitte liegen die Bildkarten. Die Erzieherin erzählt die Geschichte von Seppel. Die Kinder verfolgen sie sehr genau, setzen an der passenden Stelle selbst das richtige Wort ein und nehmen die entsprechende Karte aus der Mitte. Der Text ist so gestaltet, dass er Hinweise auf das zu suchende Wort gibt. Statt Bildkarten können auch Gegenstände oder passendes Spielzeug in die Mitte gestellt werden. Die Wörter, die die Erzieherin nicht spricht, sind im Text versal gedruckt.

Geschichte: *Heute ist ein schöner Tag. Es ist warm und die (SONNE) scheint. Seppel will mit dem (FAHRRAD) eine kleine Tour machen. Sein Weg führt ihn zunächst an einer grünen (WIESE) vorbei. Auf ihr steht ein kleines, braun geflecktes (REH). Seppel steigt ab, setzt sich auf einen dicken (STEIN) und beobachtet das Reh. Es sieht ihn nicht und frisst sich an dem frischen, grünen Gras satt. Mit einem Mal hört Seppel über sich ein lautes Gezwitscher. Er schaut hoch und entdeckt einen großen (VOGEL). Dieser fliegt in einen dicken (BAUM) und ist unter seinen Blättern verschwunden. Nun ist aber auch das Reh verschwunden und Seppel fährt weiter. Er kommt zu einem breiten (FLUSS), doch über ihn führt eine schmale (BRÜCKE). Seppel steigt ab und schiebt sein Fahrrad über die Brücke. Dann fährt er weiter. Auf einmal denkt er an sein Zuhause und daran, dass es bald dunkel wird. Ganz schnell fährt Seppel nun auf demselben Weg wieder nach Hause zurück. Dieser Ausflug hat ihm gut gefallen und er will ihn bald noch einmal machen.*

Mitmachgeschichten

Im Garten von Otto Krause

Anzahl: Kleingruppe
Ort: am Tisch

Material: 3 Möhren, 2 Gurken, 4 Zwiebeln, 5 Kartoffeln,
1 Kohlrabi, 5 Äpfel, 2 Birnen, 5 braune Wollfäden,
einige Stängel Gras, ein Stiefel, ein Eimer, ein braunes Tuch

Hinführung: Auf dem Tisch oder in der Kreismitte liegen auf
einem braunen Tuch die oben angegebenen Materialien.
Sie werden nun gemeinsam benannt und es wird ein Gespräch
über den Nutzen und den Gebrauch dieser Materialien
initiiert. Die Erzieherin stellt die Wollfäden als Regenwürmer
vor. Fünf Kinder sitzen oder knien vor dem braunen Tuch.

Durchführung: Jetzt wird die Geschichte vorgelesen. Immer,
wenn ein Gegenstand genannt wird, greifen die Kinder zu und
nehmen diesen Gegenstand vom Tuch. Aufgepasst: Es kann
auch etwas genannt werden, was nicht auf dem Tuch liegt.

Geschichte: *Jedes Jahr zur Zeit der Ernte gibt es in dem Garten
von Otto Krause sehr schmackhafte Dinge, aus denen seine Frau
Klothilde gutes Essen kocht. Otto Krause ist auf seinen Garten sehr
stolz, denn er erntet nicht nur Salat und Tomaten, sondern auch
Möhren, Gurken, Radieschen, Zwiebeln, Kohlrabi und wunder-
schöne große und kleine Kartoffeln. Aber er erntet auch Äpfel,
Birnen und sogar Pfirsiche; denn auf seiner Wiese stehen viele
Obstbäume. In seinem Garten fühlt Otto Krause sich wohl. Weil er
aber nicht nur dort arbeiten, sondern auch ruhen will, hat er in
ein Stück Erde Samen gesät und nun wächst hier Gras. Wenn Otto
Krause Zeit hat, liegt er in seinem Liegestuhl und ruht sich aus.
Dabei entdeckt er in seinem Garten viele Tiere, wie z.B. Käfer,
Schnecken oder Spinnen und viele andere Tiere. Otto Krause mag
alle Tiere, die in seinem Garten wohnen. Aber eine Tierart mag er
ganz besonders gern, denn diese braucht er zum Angeln. Es sind
lange braune Tiere. Doch diese braunen Dinger findet er nur,
wenn es regnet. Dann kommen sie aus der Erde und Otto Krause
kann sie mühelos einsammeln. Nach langer Zeit regnet es heute
endlich mal wieder. Otto Krause zieht seine Stiefel an, nimmt
einen Eimer und macht sich auf die Suche. Es dauert nicht lange,*

da sieht er auch schon die langen Dinger. Vor ihm auf dem weichen Erdboden kriechen ganz viele herum und Otto hat schnell seinen Eimer voll. Am anderen Morgen, als er durchs Fenster schaut, regnet es immer noch. Er zieht sich regenfest an, und als er auf den feuchten Erdboden schaut, entdeckt er wieder viele von diesen braunen Dingern. Nun hat er genug Regenwürmer gesammelt und Otto Krause geht mit einem vollen Eimer ins Haus.

Variation: Um die Spannung zu erhöhen, können einige »falsche« Dinge wie Zitronen, ein Schuh, ein Besen, ein Korb usw. mit auf dem Tuch liegen. So müssen die Kinder konzentriert sein, um im richtigen Augenblick richtig zu reagieren.

Schluss: Die Geschichte kann mehrmals wiederholt werden. Aus dem Gemüse und den Kartoffeln und dem Obst können sie mit den Kindern eine leckere Mahlzeit kochen oder das Obst und das Gemüse roh essen.

Verse, Gedichte und Lieder

Anzahl: ein Kind oder Kleingruppe
Ort: drinnen, draußen

Material: keines

Durchführung: Das Erlernen kurzer Gedichte und Verse fällt Kindern im Alter von fünf Jahren nicht mehr schwer.
Die folgenden Verse, Gedichte und Gebete können geklatscht, gestampft, geflüstert oder mit Hilfe einer Fantasiesprache gesprochen werden. Mit ihnen kann man reimen, sie können eine eigene Melodie bekommen und mit Orff-Instrumenten begleitet werden. Die Erarbeitung von Gedichten und Versen ist eine gute Vorbereitung für längere Rollenspieltexte.

Zum Jahresbeginn
Leute, habt ihr es vernommen?
Das neue Jahr, es hat begonnen.
Gesundheit soll euch stets begleiten,
viel Glück auch eure Wege leiten.

Zum Karneval
Kinder macht euch schnell bereit,
jetzt beginnt die Narrenzeit.
Kommt, lasst uns nun viele Späße machen
und dabei von Herzen lachen.

Frühlingsvers
Der Frühling zieht durchs Land,
komm, gib mir deine Hand.
Lasst uns schnell nach draußen gehn
und uns die Frühlingswelt ansehn.

Ostergedicht
Das Osterfest steht vor der Tür,
hol einen Korb und geh mit mir.
Wir suchen bunt bemalte Eier
für die große Osterfeier.

Ganz viele Sprachen spricht die Welt

Anzahl: bis zu 20 Kinder
Ort: beliebig

Melodie: Jörg Schnieder
Text: Ingrid Biermann

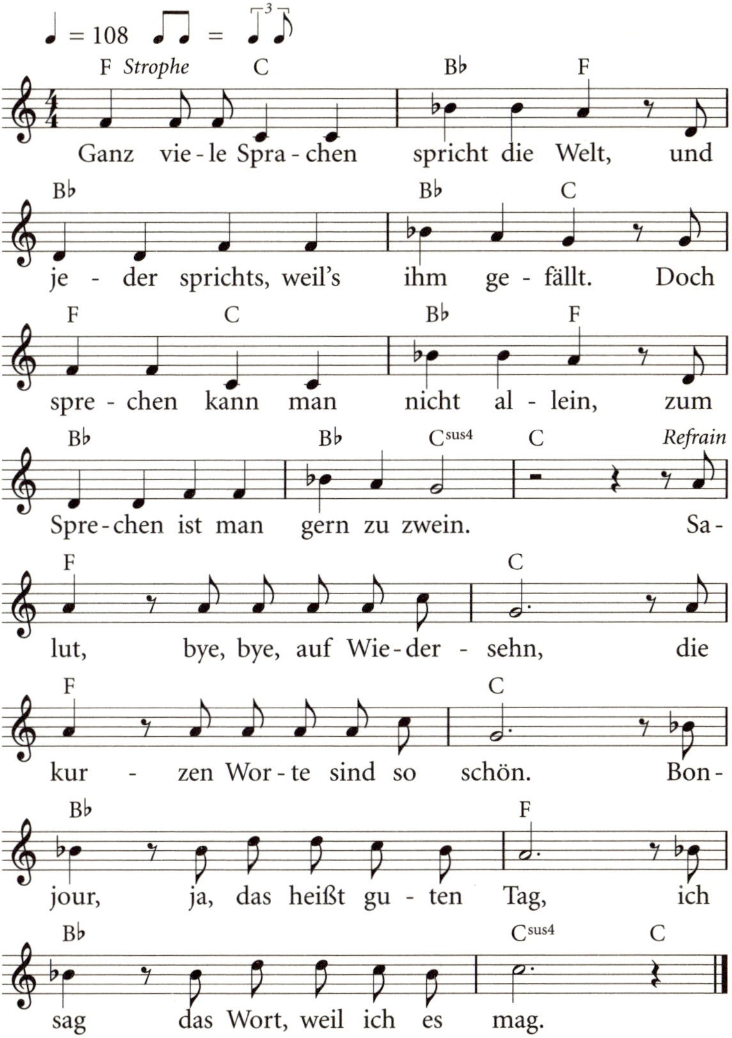

♩ = 108   ♪♪ = ♪³♪

Strophe

Ganz vie-le Spra-chen spricht die Welt, und

je - der sprichts, weil's ihm ge-fällt. Doch

spre-chen kann man nicht al-lein, zum

Spre-chen ist man gern zu zwein. Sa-

Refrain

lut, bye, bye, auf Wie-der-sehn, die

kur - zen Wor-te sind so schön. Bon-

jour, ja, das heißt gu-ten Tag, ich

sag das Wort, weil ich es mag.

Reime, Verse und Gedichte,
schöne Märchen und Berichte.
Ganz ohne Sprache gehn wir stumm,
in dieser schönen Welt herum.

Refrain: *Salut …*

Leise Töne, laute Lieder,
ja die hört man immer wieder.
Die Sprache lässt uns Freunde sein,
sie trägt uns in die Welt hinein.

Refrain: *Salut …*

Die Sprache hier auf dieser Welt,
ist das, was uns zusammenhält.
Lasst uns reden, plappern, singen
und uns selbst ein Ständchen bringen.

Refrain: *Salut …*

Rollenspielgeschichten

Kikeriki, hört mein Geschrei

Anzahl: 12 Kinder
Ort: Gymnastikraum

Material: ein Eimer, eine Feder, verschiedene Geräte zum Krabbeln, Klettern usw., drei Matten, eine Turnbank, ein Hocker, ein Kasten, zwei braune Tücher, eine Eieruhr (Sanduhr), 13 Paar Klangstäbe oder kleine runde Hölzer, eine Lampe

Vorbereitung: Für die Erarbeitung sollten mehrere Tage eingeplant werden. Die Matten, die Turnbank, der Hocker (über ihn wird ein braunes Tuch gelegt), ein Kasten und einige Geräte zum Krabbeln, Klettern und Kriechen werden im Turnraum aufgebaut.

Hinführung: Die Erzieherin breitet das zweite große Tuch im Raum aus, auf das sich die 12 Kinder setzen. Sie lädt zu einem Wortspiel ein. Dazu stellt sie die Sanduhr in die Mitte und sagt das Wort Bauernhof. Nun können die Kinder schnell alles zusammentragen, was ihnen zu diesem Wort einfällt. Danach erzählt sie die folgende Geschichte.

Geschichte: *Es ist Nacht und auf dem Hof vom Bauern Schmidt ist es ganz still. Alle Tiere liegen in einem tiefen, erholsamen Schlaf.*
Der Raum ist verdunkelt, eine kleine Lampe spendet Licht.

Die Kühe liegen auf dem warmen Stroh. Sie träumen von einer Wiese mit frischem, grünem Gras.
Drei Kinder, die die Kühe darstellen, liegen auf Matten.

Die Hühner sitzen regungslos auf einer Stange.
Zwei Kinder, die die Hühner darstellen, sitzen auf einer Turnbank.

Die Hofhunde Max und Moritz liegen ruhig in ihrer Hütte.
Zwei Kinder, die die Hunde darstellen, sitzen z. B. in einem Kasten, über den eine Decke gehängt wurde.

Die beiden Katzenkinder Fix und Foxi liegen eng zusammen-
gekauert dicht bei den Hühnern im warmen Stroh.

    Zwei Kinder, die die Katzen darstellen, liegen nah beiein-
ander in der Nähe der Hühner.

Der Hahn ruht auf dem Mist.

    Das Kind, das den Hahn darstellt, sitzt z. B. auf einem
Kasten.

Friedlich schlafend warten sie auf den neuen Tag. Als frühmorgens
die Sonne aufgeht und den neuen Tag ankündigt, weckt sie mit
ihren warmen Strahlen zuerst den schlafenden Hahn.

    Das große Licht wird angemacht. Das Kind, das die Son-
ne darstellt, weckt mit einer Feder den Hahn.

Er reckt und streckt sich, schlägt mehrmals mit seinen Flügeln,
marschiert einmal stolz über den Hof und kündigt mit lautem
Geschrei den Tag an.

    Das Kind, das den Hahn darstellt, schlägt mit seinen
Armen und spricht den Text.

Kikeriki, hört mein Geschrei,
die ruhige Nacht ist nun vorbei.
Steht auf, der Tag, er hat begonnen,
Kikeriki, habt ihr den Ruf vernommen.
Kikeriki, hört mein Geschrei,
die ruhige Nacht ist nun vorbei.

Langsam werden die Tiere munter. Zuerst werden die Kühe wach.
Sie recken und strecken sich, muhen laut, stehen auf und sagen:
»Es war eine ruhige Nacht,
jetzt sind wir wieder aufgewacht.
Wir genießen diesen Morgen,
sind sehr froh und ohne Sorgen.

    Die Kinder, die die Kühe darstellen, spielen diese Szene
und sprechen den Text.

Auch die Hühner haben ausgeschlafen. Sie recken und strecken
sich, gähnen, schlagen mit den Flügeln und sagen:
»Es war eine ruhige Nacht,

jetzt sind wir wieder aufgewacht.
Wir genießen diesen Morgen,
sind sehr froh und ohne Sorgen.«
> Die Kinder, die die Hühner darstellen, spielen diese
> Szene und sprechen den Text.

Vom Gegacker der Hühner werden die Hofhunde Max und Moritz
wach. Sie recken und strecken sich, kraulen sich, stehen auf
und sagen:
»Es war eine ruhige Nacht,
jetzt sind wir wieder aufgewacht.
Wir genießen diesen Morgen,
sind sehr froh und ohne Sorgen.«
> Die Kinder, die die Hunde darstellen, spielen die Szene
> und sprechen den Text.

Ganz langsam werden auch die beiden Katzenkinder Fix und
Foxi wach. Sie recken und sie strecken sich, putzen ihr Fell,
machen einen Katzenbuckel, stehen auf und sprechen den Text:
»Es war eine ruhige Nacht,
jetzt sind wir wieder aufgewacht.
Wir genießen diesen Morgen,
sind sehr froh und ohne Sorgen.«
> Die Kinder, die die Katzen darstellen, spielen diese
> Szene und sprechen den Text.

Nun sind auf dem Hof alle Tiere wach und es ist ein lautes
Gackern, Muhen, Bellen und Miauen zu hören.
> Alle Kinder imitieren die typischen Tiergeräusche.

Davon wird der Bauer geweckt. Er kommt und bringt den Tieren
ihr Futter.
> Das Kind, das den Bauern spielt, hat einen Eimer in der
> Hand und gibt den Tieren pantomimisch ihr Fressen.

Das Futter schmeckt gut und lässt die Tiere munter werden.
Nachdem sie satt sind, laufen, klettern und springen sie auf dem
Hof herum.
> Die Kinder bewegen sich durch den Raum und kriechen,
> klettern usw. auf den bereitgestellten Geräten herum.

Sie werden nicht müde und bewegen sich den ganzen Tag.
Die Kinder kriechen, krabbeln usw. und machen die
Geräusche.

*Der Hahn stolziert zwischen den Tieren umher und kräht dabei
immer wieder laut.*
Das Kind, das den Hahn darstellt, führt die Bewegungen
aus und ruft laut mehrmals »Kikeriki«.

Erst als es dunkel wird, gehen die Tiere zurück in den Stall.
Das Licht wird ausgemacht. Es scheint nur noch die
kleine Lampe. Die Kinder gehen auf ihre Plätze zurück
und nehmen ihre ursprüngliche Haltung wieder ein.

Die Tiere hatten einen schönen Tag und gemeinsam sagen sie:
»Wir wollen nun ganz leise sein,
denn wir sind müd' und schlafen ein.«
Alle Tiere sprechen den Satz und schließen ihre Augen.

*Der Hahn stolziert noch einmal über den Hof, schaut nach dem
Rechten, geht dann auf seinen Misthaufen und ruft:*

»Kikeriki, kikerikei,
der schöne Tag ist nun vorbei.
Die dunkle Nacht, die bricht herein,
rundherum soll's leise sein.
Kikeriki, kikerikei,
der schöne Tag ist nun vorbei.«
*Auf dem Hof ist es wieder ganz leise. Der Hahn setzt sich auf
den Misthaufen und schläft sofort ein.*

Schluss: Nachdem die Geschichte erzählt wurde, werden
die Tierbewegungen, die Geräusche nachgemacht, es wird
balanciert und geklettert und mit Hilfe der Klangstäbe,
mit denen ein Sprechrhythmus geschlagen wird, können die
Texte erlernt werden. Danach werden die Rollen verteilt.
Die Erzieherin legt das braune Tuch über den Kasten
und die Geschichte kann nun mit Mimik, Gestik, Sprache und
Bewegung als kleines Theaterstück dargestellt werden.

Ein neuer Zoobewohner

Anzahl: 11 Kinder
Ort: Gymnastikraum

Material: eine Eieruhr (Sanduhr), 6 große Tücher, die das
Gehege abgrenzen; viele Rasseln (kleine, mit Reis gefüllte
Plastikflaschen), Bänder und andere Hilfsmittel zum
Bau der Gehege, Kästen und Turnbänke, die in den einzelnen
Gehegen aufgestellt werden können
(Auch andere Utensilien zum Bau einer Zoolandschaft können
benutzt werden. Der Fantasie sind keine Grenzen gesetzt.)

Vorbereitung: Mit allen Hilfsmitteln wird, nachdem die
Geschichte erzählt wurde, von den Kindern ein Zoo gebaut.
Das Affengehege sollte an der Kletterwand und das Giraffen-
gehege etwas versteckt aufgebaut werden, damit es von den
anderen Tieren nicht so schnell gesehen werden kann. Sollte
die Vorbereitung zu viel Zeit in Anspruch nehmen, muss dieses
Angebot auf zwei Tage verteilt werden.

Hinführung: Die Erzieherin breitet ein Tuch aus, auf das sich
die Kinder setzen. Sie macht mit ihnen ein Wortspiel. Dazu
stellt sie die Sanduhr in die Mitte und sagt das Wort Zoo. So
lange, wie die Uhr läuft, erzählen die Kinder, was ihnen zu
diesem Wort einfällt. Nun lädt die Erzieherin zu einer Geschichte ein. In dieser Geschichte werden bestimmte Tiere in
Form eines Rätsels vorgestellt. Die Kinder sollen sie im Verlauf
der Geschichte erraten. Der neue Zoobewohner wird jedoch
erst ganz am Schluss genannt.

Geschichte: *Die Tiere im Zoo Mühlenstein haben einen neuen
Mitbewohner bekommen. Das unbekannte Tier wohnt schon seit
drei Tagen in seinem neuen Gehege, doch bisher weiß noch niemand, wer dieser Neuzugang ist. Das macht alle Tiere neugierig
und unruhig.*

*Zwei besonders kletterfreudige und sehr neugierige Tiere
haben als Erste von dem neuen Mitbewohner gehört. Erratet
nun die kletterfreudigen Tiere!*

Rätsel:
Sie klettern und springen, sie sind ganz schnell,
sie hüpfen gerne auch auf der Stell'.
Sie suchen sich ab nach einem Floh,
sie fressen Bananen, du magst sie so. (Affen)

Die Affen wollen unbedingt wissen, wer der Neue ist. Darum
klettert der älteste Affe in den höchsten Baum und dann
noch bis in die Spitze. Er entdeckt etwas ganz Aufregendes.
Schnell klettert er wieder herunter und sagt:

»Ihr Hals ist lang, die Beine auch,
sehr lang und dünn ist auch ihr Bauch.
Sie frisst die Pflaumen von dem Baum,
ist riesengroß, du glaubst es kaum.«

Der jüngere Affe will diese Neuigkeit seinem Freund erzählen
und läuft schnell zu ihm. Erratet den Freund!

Rätsel:
Er liegt sehr gerne in der Sonne,
er ist so dick wie eine Tonne.
Er mag Honig und auch Fisch,
der mittags steht auf deinem Tisch. (Bär)

Aufgeregt erzählt der Affe dem Bären und seinem Freund, was
ihm sein ältester Bruder erzählt hat:

»Ihr Hals ist lang, die Beine auch …

Nachdem der jüngere Bär diese Neuigkeit gehört hat, rennt er
mit dem Affen zu seinem Freund. Wer ist der Freund?

Rätsel:
Gefährlich ist das starke Tier,
läufst du schnell fort, kommt es zu dir.
Seine Mähne weht im Wind,
dieses Tier kennt jedes Kind. (Löwe)

Der Bär erzählt den Löwen, was ihm der Affe erzählt hat:

»Ihr Hals ist lang, die Beine auch …

Der junge Löwe ist sehr erstaunt über das, was der Bär ihm
berichtet. Er will diese Neuigkeit sofort seinem Freund erzählen.
Nun läuft der Affe mit dem Bären und dem Löwen zu einem
anderen Gehege. Wer wohnt da?

Rätsel:
Er trampelt durch das ganze Land,
ist allen Kindern gut bekannt.
Hat einen Rüssel, meterlang,
und ist recht mollig, gar nicht schlank. (Elefant)

Dort erzählt der junge Löwe dem Elefanten, was ihm der Bär
erzählt hat:

»Ihr Hals ist lang, die Beine auch …

Der junge Elefant trompetet laut und ist sehr erstaunt über
das, was ihm der Löwe erzählt hat. Er will seinen Freunden von
dem neuen Mitbewohner erzählen. Zusammen mit dem Affen,
dem Bären und dem Löwen läuft der junge Elefant zu ihrem
Gehege.

Rätsel:
Die Kleinen toben wild umher,
das Klettern ist für sie nicht schwer.
Ihr Streifenkleid steht ihnen gut,
sind sie erst groß, zeigen sie Mut. (Tiger)

Der junge Elefant erzählt den Tigern, was ihm der Löwe
erzählt hat:

»Ihr Hals ist lang, die Beine auch …

Die Nachricht macht den jüngsten Tiger unruhig. Er will den
neuen Mitbewohner sehen, und der Tiger läuft mit dem Elefanten,
dem Löwen, dem Bären und dem Affen zu dem neuen Mitbewohner. Als sie an dem neuen Gehege ankommen, sperren alle vor
Erstaunen das Maul auf. Wie aus einem Mund sagen sie:

Alle sprechen zusammen:

»Ihr Hals ist lang, die Beine auch …

Das große Tier mit dem langen Hals frisst gerade die Blätter von den Bäumen. Der Tiger und der Löwe verstecken sich hinter einem dicken Felsen. Sie haben Angst, denn so ein großes Tier haben sie noch nie gesehen. Doch das Tier scheint nett zu sein. Es kommt mit großen Schritten auf sie zu und fragt: »Spielt ihr mit mir? Alleine in dem Gehege ist es so langweilig.« Die Tierkinder schauen sich an, nicken und spielen mit dem Tier Fangen und Verstecken. Sie haben viel Spaß zusammen. Als es dunkel wird, geht jedes Tier in sein Gehege zurück. Alle freuen sich, denn sie haben einen neuen Freund gefunden. Noch im Traum sehen sie das große Tier mit den langen Beinen und dem langen Hals. Doch sie wissen immer noch nicht, wie es heißt. Wisst ihr es?
Die Kinder können nun das Rätsel lösen.

Schluss: Nachdem die Kinder die Geschichte gehört und die Rätsel gelöst haben, werden die Bewegungen und die Geräusche der Tiere nachgespielt. Danach werden kleine Rasseln verteilt und die Texte rhythmisch erlernt. Nun wird mit den Kindern der Zoo gebaut, die Rollen werden verteilt und die Geschichte kann gespielt werden.

SPIELIDEEN FÜR DIE SECHSJÄHRIGEN

Das sechsjährige Kind geht dem Ende seiner Kindergartenzeit zu. Das Erlernen der Sprache ist mit nun ca. 3000 Wörtern in den Grundzügen abgeschlossen, das Kind kann sich differenziert ausdrücken, Aufgaben verstehen und ausführen, kann vielleicht schon richtig »diskutieren«. Es ist hoffentlich noch sehr neugierig und freut sich auf die Schule, die ihm neue Herausforderungen bieten wird.

Gerade aber im Hinblick auf Sprachfähigkeit und Kommunikation lernt der Mensch nie aus. Die letzten Monate und Wochen können im Kindergarten gut genutzt werden, um die Kinder dieser Altersgruppe noch einmal gezielt zu fördern und herauszufordern.

Lustige Sprachspielereien

Reimwortfinder

Anzahl: ein Kind oder Kleingruppe
Ort: drinnen, draußen

Material: keines

Durchführung: Die Erzieherin sagt ein Wort, z.B. Hund. Die Kinder müssen nun schnell ein Reimwort dazu finden, z.B. Mund. Das Kind, welches zuerst ein Reimwort genannt hat, sucht sich ein neues Wort aus, z. B. Haus. Die anderen Kinder suchen schnell wieder ein passendes Reimwort, z. B. Maus. Nun darf das Kind, welches zuerst das Reimwort genannt hat, wieder ein neues Wort sagen usw. Das Spiel ist beendet, wenn die Ideen ausgegangen sind.

Variation: Dreiwortreim
Ein Wort wird vorgegeben und mindestens zwei Reimwörter müssen gefunden werden.
(Haus – Maus – Klaus / Tanne – Kanne – Wanne)

Reimsatzerfinder

Anzahl: ein Kind oder Kleingruppe
Ort: beliebig

Material: keines

Durchführung: Die Erzieherin sagt einen nicht vollständigen Reimsatz. Die Kinder versuchen, diesen zu beenden.
Beispiele:
Ich gehe aus dem Haus und sehe … (eine Maus).
Ich sitze am Tisch und esse … (den Fisch).
Ich sitze am See und trinke … (den Tee).
Ich seh eine Katze, die reicht mir … (die Tatze).
Ich liege im Gras, das Träumen … (macht Spaß).

Schluss: Alle hier entstandenen Geschichten können auf einem Rekorder aufgenommen und dann zu jeder Zeit noch einmal angehört werden.

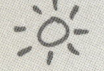

Einsatzgeschichtenerfinder

Anzahl: ein Kind oder Kleingruppe
Ort: beliebig

Material: viele Bildkarten

Durchführung: In der Kreismitte liegen, mit dem Motiv nach unten, Bildkarten. Die Erzieherin dreht eine Karte um und bildet einen Satz, in dem das Bildmotiv vorkommt. Beispiel: Sie dreht die Bildkarte mit einem Hund um und bildet folgenden Satz.
»Der Hund sitzt in der Ecke und knurrt.«
Nun dreht ein Kind eine Karte um und erfindet eine Geschichte, die nur aus einem Satz besteht.

Variation: Wir erfinden eine Kurzgeschichte.
In der Kreismitte liegen viele Bildkarten. Nacheinander kann sich jeder Mitspieler zwei oder drei Karten nehmen und dazu

eine Kurzgeschichte erfinden. – Beispiel: Maus, Hund, Schuh
Eine kleine graue Maus hat Hunger und geht auf Futtersuche.
In der Küche findet sie ein Stück Käse, an dem sie sich satt frisst.
Doch plötzlich hört sie einen Hund. Ganz schnell springt
sie in einen Schuh und bleibt dort so lange sitzen, bis die Gefahr
vorüber ist.
Nun versuchen die Kinder, Geschichten zu erfinden. Natürlich
können alle helfen, denn gemeinsam geht es vielleicht besser.

Die Ballgeschichte

Anzahl: Kleingruppe
Ort: drinnen, draußen

Material: ein Ball

Durchführung: Die Kinder sitzen im Kreis. Die Erzieherin lädt
sie ein, gemeinsam eine Geschichte zu erfinden. Sie hält den
Ball und beginnt. Die Geschichten fangen immer mit dem
Satz: »Es war einmal…« an.
Beispiel: »Es war einmal ein Hund. Er hieß Wau. Er war schon
sehr alt und konnte nicht mehr so gut sehen. Eines Morgens
machte er einen Spaziergang und traf …« Die Erzieherin
wirft den Ball zu einem Kind. Dieses versucht, die Geschichte
fortzusetzen. Fällt ihm nichts ein, so wirft es den Ball einem
anderen Kind zu. Kinder, die eine Idee haben, können sich
auch durch ein Handzeichen bemerkbar machen. Das Kind,
welches die Geschichte beenden will, sagt: »Und wenn sie nicht
gestorben sind, dann leben sie noch heute.«

Variation: Spinnennetzgeschichte

Material: ein Wollknäuel

Das Wollknäuel wird einem Kind zugeworfen. Dieses beginnt
eine Geschichte zu erzählen. Dann wirft es das Knäuel einem
anderen Kind zu und hält den Faden ganz fest.
Dieses führt die Geschichte fort usw. So entsteht beim Erzählen
ein Spinnennetz.

Mitlese- und Reimgeschichte

Anzahl: Kleingruppe
Ort: im Gruppenraum

Material: ein Zeigestock, ein Plakat mit einer Bildgeschichte

Durchführung: Die Erzieherin zeigt das große Plakat mit der Bildgeschichte. Verschiedene Wörter sind durch Bilder ersetzt. Diese lesen die Kinder nun laut mit. Aus den Mitlesegeschichten kann auch eine Reimgeschichte werden. Dann reimen die Kinder das letzte Wort/die letzte Silbe in der zweiten Zeile laut mit.
Die hier groß geschriebenen Worte werden durch ein Bild ersetzt. Die in Klammern stehenden Worte gereimt.

WOLKEN ziehen dick und schwer,
heut am Himmel still da … (her).

REGENTROPFEN fallen leise,
machen eine weite … (Reise).

Auf dem Boden sieht man PFÜTZEN,
die Kinder tragen Regen … (mützen).

Doch bald schon ist der REGEN fort,
die SONNE kommt an diesen … (Ort).

Die Kinder kommen aus dem HAUS,
toben sich auf der WIESE … (aus).

Doch wieder ziehen WOLKEN schwer,
am großen Himmel leis da … (her).

REGENTROPFEN fallen wieder
auf die grüne Wiese … (nieder).

Die Kinder gehen zurück ins HAUS,
ruhen sich dort vom Toben … (aus).

Variationen: Diese Mitlese- und Reimgeschichte wird in einer Fantasiesprache erzählt, z. B. in der …

Korkensprache
> Jedes Kind bekommt einen Flaschenkorken und nimmt ihn in den Mund. Er wird mit den Zähnen festgehalten und die Geschichte wird noch einmal gesprochen.

Breitschnutensprache
> Die Kinder ziehen mit den Zeigefingern ihren Mund breit und sprechen den Text.

Spitzmundsprache
> Die Kinder spitzen ihren Mund und sprechen den Text.

Nasensprache
> Die Kinder halten ihre Nasen zu und sprechen den Text.

Zeichensprache
> Die Kinder stellen einzelne Worte gestisch dar.

Malsprache
> Worte werden als Motive von einem Kind auf den Rücken eines anderen Kindes gemalt.

Ein Besuch im Buchstabentheater

Anzahl: bis zu 20 Kinder
Ort: Gymnastikraum, draußen

Material: viele Buchstabenkarten, viele Bildkarten (von einem Memoryspiel), einige Wortkarten mit leichten Wörtern, einige große Briefumschläge, eine Schnur, Wäscheklammern, ein mit Buchstaben bemalter Beutel, ein bemaltes Oberhemd, eine bemalte Hose und ein bemalter Hut, ein mit Buchstaben bemaltes Betttuch

Vorbereitung: Eine kleine Bühne wird errichtet, indem ein Betttuch, das mit vielen Buchstaben und Worten beschrieben ist, an einer Schnur aufgehängt wird. Die Stühle stehen

im Halbkreis mit Sicht zur Bühne. Die Erzieherin verkleidet sich mit den Utensilien als Buchstabenclown. Sie stellt sich vor:

Guten Morgen, groß und klein,
ihr sollt heut meine Gäste sein.
Wir wollen spielen und auch lachen,
uns eine schöne Stunde machen.
Ich, der Clown, ich lad euch ein,
im Buchstabentheater dabei zu sein.

Durchführung: Auf einem Tisch liegen die Buchstabenkarten. Der Buchstabenclown hat eine große, bunte Wörtertasche umgehängt. Daraus holt er große Umschläge. In jedem Umschlag sind Buchstaben, die zusammengesetzt ein Wort ergeben. Der Buchstabenclown holt nun einen Buchstaben nach dem anderen heraus, stellt jeden mit einem Reim vor und hängt die Buchstaben so an der Schnur auf, dass sie ein Wort ergeben.

Beispiele:

AUTO
A = Es war einmal ein A, das war schon immer da.
U = Es war einmal ein U, das hatte niemals Ruh.
T = Es war einmal ein T, das lief gern durch den Klee.
O = Es war einmal ein O, ja, das ist immer froh.
Das AUTO fährt ganz schnell, hupend von der Stell.
> Die Kinder legen nun gemeinsam mit den auf dem Tisch liegenden Buchstaben das Wort Auto.

BALL
B = Es war einmal ein B, das mochte keinen Schnee.
A = Es war einmal ein A, das war schon immer da.
L = Es war einmal ein L, das kam nicht von der Stell.
L = Es war einmal ein L, das kam nicht von der Stell.
> Die Kinder suchen die Buchstaben und legen gemeinsam das Wort Ball.

E I

E = Es war ein E, das schwamm sehr gern im See.
I = Es war einmal ein I, das sah man leider nie.

Die Kinder suchen die Buchstaben und legen gemeinsam
das Wort Ei.

Schluss: Der Buchstabenclown gibt den Kindern noch mehr
Wortkarten mit ganz leichten Wörtern. Nun können sie mit
den vorhandenen Buchstaben diese Wörter nachlegen oder mit
Buchstaben neue, spaßige Wörter erfinden.

Variation: Die Bildkarten liegen in der Kreismitte. Der Buchstabenclown stellt die Wörter, d.h. die Bilder, pantomimisch
mit oder ohne Geräusche dar. Die Kinder erraten das Wort.
Der Buchstabenclown holt die passende Wortkarte und
die Kinder legen nun aus Einzelbuchstaben noch einmal das
Wort.

Lied: Kinder haben tausend Fragen

Anzahl: Kleingruppe
Ort: drinnen, draußen

Material: ein Zahlenwürfel, mehrere Spielkarten, auf denen
Fragen und auf der anderen Seite die Zahlen von 1 bis 6 stehen.
Es können die Fragen aus dem Lied, aber auch andere Fragen
dafür genommen werden, Orff-Instrumente nach freier Wahl

Vorbereitung: Die Erzieherin kann Bildkarten, auf denen die
Inhalte der Fragen zu erkennen sind (Sterne, Mond, grünes
Blatt), anfertigen. Sie erleichtern das Erlernen der einzelnen
Strophen.

Hinführung:
Die Kinder sitzen im Kreis. In der Mitte liegen, mit der Zahl
nach oben, die Fragekarten. Der Spielwürfel liegt griffbereit.
Die Kinder nennen eine Zahl. Nun würfeln sie reihum.
Wer diese Zahl gewürfelt hat, kann eine Fragekarte nehmen.
Die Erzieherin liest die Frage vor. Das Kind versucht, sie allein

85

zu beantworten. Kann es das nicht, helfen die anderen Kinder. Nun trägt die Erzieherin das Lied als Vers vor. Auch jetzt können die Fragen beantwortet werden. Danach wird mit Hilfe der Orff-Instrumente die Melodie erarbeitet.

Melodie: Jörg Schnieder
Text: Ingrid Biermann

Refrain: *Kinder haben tausend Fragen …*

Kin-der ha-ben tau-send Fra - gen.
Kin-dern muss man so viel sa - gen.
Kin-der wol-len so viel wis - sen,
weil sie noch viel ler-nen müs - sen.

Warum können Mücken stechen?
Kann man nasses Holz auch brechen?
Kann man einen Engel sehn?
Kann ein Storch alleine stehn?

Woher kommt nur der weiche Schnee?
Wie viele Blätter hat der Klee?
Warum bin ich denn noch so klein?
Wann werd' ich groß und ganz stark sein?

Refrain: *Kinder haben tausend Fragen …*

Das Fragen, ja, das macht mir Spaß,
durch Fragen, ja, da lern ich was.
Und darum frag ich jeden Tag,
weil ich das Fragen gerne mag.

Ja, tausend Fragen stell ich dir,
komm, sag ganz schnell die Antwort mir.
Doch mit dem Fragen ist nie Schluss,
weil ich noch ganz viel lernen muss.

Refrain: *Kinder haben tausend Fragen…*

Schluss: Nun können einzelne Kinder entweder an die Erzieherin oder an alle Kinder Fragen stellen, die dann, allein oder gemeinsam, beantwortet werden.

Eine nicht ganz einfache Mitmachgeschichte: Herr Klatsch, Frau Patsch und Tripp, Trapp und Trampel

Anzahl: Kleingruppe
Ort: im Gruppenraum

Material: keines

Vorbereitung: Die Kinder müssen bei dieser Geschichte sehr konzentriert zuhören und mitmachen. Deshalb sollte sie zunächst einmal nur erzählt werden. Danach üben alle gemeinsam die einzelnen Bewegungen und nun kann, gut vorbereitet, die Geschichte aktiv erlebt werden.

Mitmachanweisung: KLATSCH = klatschen; PATSCH = auf die Oberschenkel schlagen; AUF = aufstehen; AB = hinsetzen; GROSS = auf die Zehenspitzen stellen; KLEIN = in die Hocke gehen; VOR= nach vorne beugen, ZURÜCK = nach hinten beugen; HIN = zu einer Seite (rechts); HER = zur anderen Seite (links); TRIPP = mit einem Bein (rechts) stampfen; TRAPP = mit dem andern Bein (links) stampfen; TRAMPEL = mit beiden Beinen trampeln.

Geschichte: *In einem kleinen Haus am Rande der Stadt wohnt ein Mann. Er wohnt hier ganz allein und an seiner Tür steht: Hier wohnt Herr KLATSCH. Früh morgens geht Herr KLATSCH zur Arbeit und erst spät abends kommt Herr KLATSCH wieder nach Hause. Dann liest er die Zeitung, arbeitet in seinem Garten, putzt sein Haus, isst allein Abendbrot und geht ins Bett. So geht das tagaus und tagein und Herr KLATSCH fühlt sich oft sehr einsam. Er möchte viel lieber zu zweit in seinem Haus wohnen. Deshalb gibt*

Herr KLATSCH eines Tages eine Anzeige auf. In der steht: »Netter Mann, mit Haus und Garten, möchte gerne eine nette Frau kennen lernen.« Schon nach einigen Tagen klingelt es und Herr KLATSCH öffnet die Tür. Vor ihm steht eine Frau. Sie lacht sehr freundlich und sagt: »Guten Tag, ich bin Frau PATSCH. Ich habe Ihre Anzeige gelesen und würde sie gerne kennen lernen.« Herr KLATSCH ist überrascht. Er hätte nicht gedacht, dass sich so schnell jemand auf seine Anzeige hin meldet. Herr KLATSCH bittet Frau PATSCH ins Haus und gemeinsam verbringen sie einen schönen Tag. Als Frau PATSCH gehen will, verabreden sich Herr KLATSCH und Frau PATSCH für den nächsten Tag. Auch dieser wird sehr schön und von nun an sind Herr KLATSCH und Frau PATSCH täglich zusammen. Sie mögen sich so sehr, dass sie beschließen zu heiraten. Es soll eine große Hochzeit werden und sie wollen dazu viele Gäste einladen. Darum setzen sich Herr KLATSCH und Frau PATSCH an einem warmen Spätsommerabend in den Garten und schreiben die Gästeliste. Frau PATSCH lädt ihre Freundinnen Frau AUF, Frau AB, Frau VOR und Frau ZURÜCK ein. Herr KLATSCH lädt seine Freunde Herrn KLEIN, Herrn GROSS, Herrn HIN und Herrn HER ein. Nach einigen Tagen findet nun die Hochzeit statt. Herr KLATSCH und Frau PATSCH freuen sich. Frau AUF, Frau AB, Frau VOR und Frau ZURÜCK sind von weit her gekommen, um an der Hochzeit teilzunehmen. Auch die Freunde von Herrn KLATSCH, Herr KLEIN, Herr GROSS, Herr HIN und Herr HER sind da. Nun wird gegessen, getrunken und die ganze Nacht getanzt. Frau PATSCH tanzt mit Herrn KLATSCH, Frau AUF tanzt mit Herrn GROSS, Frau AB tanzt mit Herrn HIN, Frau ZURÜCK tanzt mit Herrn HER und Herr KLEIN tanzt mit Frau VOR. Es ist eine schöne Hochzeit. Erst am frühen Morgen fahren Herr GROSS, Herr KLEIN, Herr HIN, Herr HER, Frau AUF, Frau AB, Frau VOR und Frau ZURÜCK wieder nach Hause. Nun steht an der Haustür: Hier wohnen Herr KLATSCH und Frau PATSCH. Die Jahre vergehen und Frau PATSCH und Herr KLATSCH sind sehr glücklich. Eines Tages bekommen Frau PATSCH und Herr KLATSCH Nachwuchs. Es sind Drillinge und sie heißen TRIPP, TRAPP und TRAMPEL. Nun steht an der Haustür: Hier wohnen Herr KLATSCH, Frau PATSCH und TRIPP, TRAPP und TRAMPEL. Und Herr KLATSCH ist nun nie mehr allein in seinem kleinen Haus am Rande der Stadt.

Schluss: Die Kinder können ein Bild von dieser Familie malen.

Rollenspiellied:
Ich steige in das Traumschiff ein

Anzahl: 12 Kinder
Ort: Gymnastikraum

Material: ein großes blaues Tuch (oder Folie), viele Bausteine, einige weiße Papierbälle, drei verschiedenfarbige Tücher (grün, weiß, gelb), drei Sitzkissen, drei Gymnastikstäbe, drei Eimer und Schaufeln, drei Hocker, zwei braune und ein weißes Tuch, für jedes Kind ein Tamburin, eine Rassel und ein Paar Klangstäbe

Vorbereitung: Das große, blaue Tuch (Folie) wird in der Kreismitte ausgebreitet. Das grüne, das gelbe, das weiße Tuch und die drei Kissen werden in die Raumecken gelegt bzw. dort ausgebreitet. Zu den Tüchern werden Hocker gestellt, die mit braunen bzw. weißen Tüchern abgedeckt werden (sie sollen die Berge darstellen). Die restlichen Materialien werden zugeordnet. Eimer und Schaufeln zum gelben Tuch, Papierbälle zum weißen Tuch, Gymnastikstäbe und Bausteine zum blauen Tuch.

Hinführung: Alle Kinder stehen an dem blauen Tuch und erzählen, woran sie dieses Tuch erinnert. Wenn ihnen die Assoziation Wasser gekommen ist, können sie mit den Füßen über das Tuch (durch das Wasser) gehen oder sie können es mit den Händen erfühlen. Wassererlebnisse werden wach und können ausgetauscht werden. Danach gehen sie zu dem weißen, gelben und grünen Tuch. Dort erzählen die Kinder, woran sie die Farben erinnern. Die drei Kissen werden noch nicht beachtet.

△	= Triangel
⊖	= Schellenkranz / Tamburin
♀	= Glocken
//	= Klanghölzer
✋	= Klatschen

Durchführung: Die Kinder setzen sich nun auf das grüne Tuch und die Erzieherin erzählt ihnen, dass sie gemeinsam in ihrer Fantasie eine Weltreise machen wollen. Mit dem Schiff geht es dorthin, wo viel Sand ist, wo es grüne Wiesen gibt und wo es immer weiß ist. Nachdem sie den Text vorgelesen hat, singt die Erzieherin das Lied erst einmal vor. Nun wird mit Hilfe der Orff-Instrumente die Melodie, die in drei Musik- und Spielteile eingeteilt ist, von den Kindern erarbeitet. Danach wird die Darstellung eingeübt. Je drei Kinder spielen das, was der Text ihnen vorgibt. Nun bauen sie gemeinsam mit den Bausteinen ein Schiff und alle Kinder begeben sich auf ihre Insel. Das Rollenspiel wird jetzt gesungen und gespielt. Die Kinder, die die Weltreise machen, sitzen zunächst auf den Kissen.

Musikteil A
Ich steige in das Traumschiff ein
und fahre damit ganz allein
in die sehr schöne, weite Welt,
brauch' dazu überhaupt kein Geld.
      Die drei Kinder auf den Kissen nehmen die Gymnastikstäbe und steigen in das Boot.

Musikteil B
Das Schiff fährt in den Hafen ein,
was wird wohl jetzt zu sehen sein?
      Aufstehen und Ausschau halten.
Windmühlen stehen auf dem Feld,
ich bleibe hier, weil's mir gefällt.
      Aussteigen und zum grünen Tuch gehen.

Musikteil C
Hier tanzen sie den Holzschuhtanz,
sie stecken einen Erntekranz.
Und Käse essen sie hier gern,
die Gäste kommen aus der Fern.
      Drei Kinder kommen hinter dem Berg hervor und tanzen mit den Bootskindern.

Musikteil A
Ich fahre weiter in die Welt,
steige da aus, wo's mir gefällt.
Mein Traumschiff, ja, das trägt mich fort
an einen wunderschönen Ort.

> Die Bootskinder steigen zurück ins Boot und winken den
> anderen Kindern zu. Diese winken zurück und gehen
> hinter den Berg zurück.

Musikteil B
Das Schiff fährt weiter auf dem Meer,
die Sonne sticht, sie brennt so sehr.

> Die Hand vor die Stirn halten.

Das Schiff fährt in den Hafen ein,
was wird wohl jetzt zu sehen sein?

> Aussteigen und zum gelben Tuch gehen.

Musikteil C
Bananen wachsen auf dem Baum,
sie hängen hoch, man sieht sie kaum.
Die Kinder spielen in dem Sand
und ganz weiß ist der lange Strand.

> Drei Kinder kommen und spielen mit Schaufeln und
> Eimern. Die Bootskinder spielen mit.

Musikteil A
Ich fahre weiter in die Welt,
steige da aus, wo's mir gefällt.
Mein Traumschiff, ja, das trägt mich fort
an einen wunderschönen Ort.

> Die Bootskinder gehen zurück in ihr Boot und winken.
> Die anderen Kinder winken, gehen hinter den Berg.

Musikteil B
Das Schiff fährt weiter in ein Land,
es ist auch dir und mir bekannt.
Das Schiff fährt in den Hafen ein,
was wird wohl jetzt zu sehen sein?

> Die Bootskinder rudern, stellen sich hin, schauen umher,
> steigen aus und gehen zum weißen Tuch.

Musikteil C
Hier spielen Kinder in dem Schnee,
er ist sehr schön, tut gar nicht weh.
Selbst auf dem Meer schwimmt dickes Eis,
die ganze Welt ist puderweiß.

Die drei Kinder kommen hinter dem Berg hervor und alle zusammen spielen mit den Bällen.

Musikteil A
Das Traumschiff bringt mich nun nach Haus,
die lange Reise ist jetzt aus.
Die Reise, ja, sie war sehr schön,
sie dürfte nie zu Ende gehn.

Die Bootskinder steigen ins Boot, rudern, steigen aus und setzen sich auf ihre Kissen.

Schluss: Alle Kinder setzen sich noch einmal auf das grüne Tuch und mit einem kurzen Gespräch über diese Reise wird das Angebot beendet.

Literatur

Ingrid Biermann
Alle Bücher der Reihe »Ideenblitze«
Verlag Herder Freiburg

Ingrid Biermann
Spiele zur Wahrnehmungsförderung
Verlag Herder Freiburg 1999

Ingrid Biermann
Schätze aus der Hosentasche
Kösel Verlag München 2000

Ingrid Biermann / Reiner Horn
Krabbellieder
Kontakte Musikverlag Lippstadt 2001

Daniela Braun / Rita Greine
Mit Kindern spielen und denken
Herder Verlag Freiburg 2000

Maria Monschein
Spiele zur Sprachförderung Band 1 und Band 2
Don Bosco Verlag München 1997 / 98

Susanne Stöcklin-Meier
Sprechen und Spielen
Ravensburger Buchverlag Otto Maier 1995 / 2000

Uta Hellrung
Sprachentwicklung und Sprachförderung
Verlag Herder Freiburg 2002

Dorothee Kreusch-Jacob
Finger spielen — Hände tanzen
Don Bosco Verlag München 1997

Liselotte Ackermann / Renate Urfer / Bernhard Müller
Sinn-Salabim
Verlag an der Ruhr Mühlheim 1991

Almuth Bartl
Das Wahnsinns-Spiele Buch
Tessloff Verlag Nürnberg 1991

Barmer Krankenkasse
Sprich mit mir
Pestalozzi-Verlag, Erlangen

Renate Csellich-Ruso
Die schönsten Bewegungsspiele für Kinder von 0 — 5
Ravensburg / Urania Verlag Berlin 2001

Adelheid von Schwerin
Sprache haben — sprechen können
Herder Verlag Freiburg 9. Auflage 1997

Renate Zimmer
Handbuch der Sinneswahrnehmung
Herder Verlag Freiburg 5. Auflage 1995

Monika Bröder / Ulrike Hilbich
Das letzte Jahr im Kindergarten
Herder Verlag Freiburg 2. Auflage 1996